Reinhard Michel   Kurzerhand

AF209091

Anstatt eines Vorwortes:

„Guten Tag, meine Damen und Herren! Sie hören Radio 'Modern Talk'. In der heutigen Ausgabe unter dem Motto 'Kunst und Leben' wollen wir uns den momentanen Chancen auf dem Buchmarkt widmen. Mir gegenüber sitzt der Autor des Buches 'Kurzerhand', Reinhard Mich...."

„...Wir hatten doch ausgemacht, dass Sie mich unter meinem Pseudonym vorstellen, 'Heinrich...'"

„...Del-Mar. Stimmt. Entschuldigung. Herr Del-Mar, was hat Sie dazu veranlasst, in Zeiten, in denen jährlich ca. 100.000 neue Bücher den Markt überschwemmen, ebenfalls ein Buch herauszugeben?"

„Tja, ...wer nicht wagt..."

„... der nicht gewinnt. Mutig, mutig! Nun, Ihr Buch ist in drei Teile gegliedert. Es finden sich darin Gedichte und Texte aus früherer Zeit, einige Lieder und im dritten Kapitel fast ausschließlich neue Prosastücke. Warum gerade diese Mischung?"

„Ja, es ist so, ich wollte ..."

„Ich verstehe. Keine falsche Bescheidenheit. Wer Ihr Werk aufmerksam liest, kann autobiographische Züge und die Änderung des Schreibstils zum Ende des Buches hin nicht verkennen. Eine Frage brennt mir noch auf den Nägeln: Wie kamen Sie auf den doch etwas ungewöhnlichen Titel 'Kurzerhand'?"

„Ursprünglich wollte ich mein Buch 'Spiegelbilder' nennen, scheiterte aber an der Titelrecherche!"

„So ergeht es vielen Autoren: überlegen sich mühsam einen Titel und stellen fest, dass er schon vergeben ist. Kurzerhand, müssen sie einen neuen finden... ."

Reinhard Michel

Kurzerhand

**Gedichte
und
Kurzprosa**

Für Ursula M.

Danksagung

Meinen Dank all denjenigen, die mir einredeten, ich solle meine 'Schreibereien' nicht in einer Schublade vergilben lassen.

Ein besonderer Dank gebührt:

Meinen Eltern und Geschwistern, die mich stets daran hinderten, die 'Flinte ins Korn' zu werfen;

Meinen FreundInnen, die mir immer ohne zu murren oder zu klagen ihr Ohr liehen und gute Tipps hatten, wenn ich an der Ausformulierung einer Textpassage zweifelte;

Den Mitgliedern des im Frühjahr 2001 ins Leben gerufenen 'Dossenheimer Autoren-Forums', die mir u. a. halfen mit Kritik jeglicher Art besser umzugehen.

I

Frühe Werke
(1977-1984)

Sturm und Trank

Frommer Wunsch

Seit heut' bin ich 18, ein Jahr älter
mein Herz wird immer kälter.
Ich fühle mich allein,
will es nicht mehr sein.

Wenn ich eine Freundin hätte,
würd' ich gehn mit ihr zu jeder Fete,
würde mit ihr diskutieren
über alles, vom Menschen zu den Tieren.

Würde mit ihr spazieren gehen,
mit ihr zusammen die Welt besehen.
Würde mit ihr musizieren
und nicht die Geduld verlieren,
wenn etwas nicht klappen sollte,
oder sie etwas nicht haben wollte.

Würde mir das Rauchen abgewöhnen,
würde mich mit ihr versöhnen,
wenn wir Streit miteinander hätten,
darauf könnt ich wetten!

Sie sollte nach meinem Geschmacke sein,
ist doch klar:
sollte haben schwarz, braun oder blondes Haar,
Sie sollte hübsch sein und 'gut gebaut',
nicht übermässig laut,
sollte friedlich sein wie ich,
und verstehen mich.

Sie sollte zärtlich sein,
ein anschmiegsamer Typ ...

ja so eine hätte ich um Gottes Willen lieb!

Im Krankenhaus

Im Krankenhaus, da ist es schön
dort kann man hübsche Mädchen sehn.
Auch ansonsten ist es bestens hier,
nur gibt es weder Wein noch Bier.

Ich bin jetzt erst drei Tage hier
einesteils gefällt es mir
zum andren will ich nicht lang bleiben,
denn mir fehlen Mannheim's Kneipen.

Ich bin hier eingeliefert worden
am zweiten Januarmorgen.
Mich wollt' ein Typ gar schier ermorden
weil ich seine Frau mir wollte 'borgen'.

Ganz verbeult war mein Gesicht:
Ein Auge dick, die Nase blutig
doch das interessierte mich nicht.
„Ich will nach Hause!" sprach ich ganz mutig.

Nun lieg ich aber immer noch
am schönen Sonntagnachmittag,
in diesem blöden Ein-Bett-Loch
und wart' auf den Entlassungstag.

Man sagte: "Sie können gehn am Samstag!"
Doch damit war es nix.
Jetzt wart' ich auf den Montag,
hoffentlich kommt er fix.

Mit dem folgenden Satze will ich enden
keine Gedanken mehr an hier verschwenden:
„Einmal werde ich noch wach,
dann ist der Entlassungstach!"

*

Krankenhauszeit ist nun zu Ende,
ich bin wieder bei mir zuhaus',
hoffentlich kommt jetzt bald die Wende,
sonst ist es mit mir aus.

Ich müsste mich nur überwinden,
einen Weg aus dem Schlamassel finden...
Wenn ich ihn gefunden hab',
komm ich nicht so schnell ins Grab!

Allein unter Frauen

Des Abends größter Verdruss
ist, wenn man morgens wieder aufstehen muss.
Wenn man sich überhastet,
in seine Kleider tastet.

Gleich eine Katzenwäsche, ja!
Danach seh' ich wieder klar.
Ich denk' zurück ans warme Bett,
wie war's doch dort so nett (mit Babette oder
Anett ...?)

Doch alles hilft nichts, ich muss fort,
bin in Gedanken an einem anderen Ort,
ja, an einer ganz andren Stelle,
ich muss dorthin, jetzt, auf die Schnelle.

Ich komme an ganz abgehetzt,
hab' mich gleich auf meinen Platz gesetzt.
Mit fahrigen Fingern eine Zigarette rauchen,
da die Kollegen meine 'Fahn' nicht riechen
brauchen.

Ist der erste Stress vorbei,
geht es los mit der blöden Kritzelei.
Den ganzen Tag am Schreibtisch sitzen,
untermalt von dummen Weiberwitzen.

Doch gegen Frauen hab' ich nix,
denn mit ihnen geht die Arbeit fix.
Und Humor ist schließlich auch dabei,
bis dreißig Minuten nach drei.

Danach hab' ich endlich mal viel Ruhe,
ich hab' genug von Tratsch und 'Weibergemuhe',
und bin fast ganz entseelt,
wenn ich mich um vier Uhr aus dem Stuhle schäl.

Ich geh nach Haus' ganz wohlgemut
und denk': 'dort wird alles wieder gut.'
Ja, zuhaus' da kann ich mich entspannen,
am besten im Wirtshaus unter Mannen!

Die 'geschnorrte' Zigarette

Die Geschicht', die ich euch erzähle,
ich aus meinem Leben wähle.
Und dass ihr daraus Einblick gewinnt'
einfach mal zuzuhörn beginnt:

Eines Abends um halb Achte
ich mich zu 'ner Fete machte.
Alles war ganz wunderbar
mich begrüßt' 'ne große Schar.

Erst mal plaudern, trinken, tanze'
und dann essen Brote, ganze,
damit der Alkohol nicht durchgedrungen.
Und auch mal ein Lied gesungen.

Geschichten, Spiel und Tanz macht Runde
und das geht so drei, vier Stunde,
und auf einmal ist's vorbei
mit der ganzen Treiberei.

Einer kommt auf die Idee,
nach Viernheim ins 'Marco Polo' hinzugehn.
Und bald liegt's in aller Munde,
diese nicht ausweglos' Kunde.

Drei, vier Biere hab' ich 'gesoffen',
das macht nichts, oder, ich will's hoffen?
Tanzen konnte man auch ganz gut,
nur hat's mir gefehlt am Mut.

Und dann war der Zeitpunkt da,
ja, der Abschied, der war nah.
Wir mussten jetzt 'gen Heimat scheiden,
wollten aber noch im 'Uni-Pub' weiden.

Dort trank jeder von uns noch ein Bier,
Bekanntschaft mit zwei 'Hascher' schlossen wir.
Einer wollte zur 'blauen Adria' hingehn,
er meinte, da wär's auch Nachts noch schön.

Es war bestimmt schon halber zwee,
als wir dort ankamen am See.
Wir trafen auch bald drauf 'ne Gruppe,
die viel Bier, Wein und an einer Gitarre zuppten.

Es wird schon fünf Uhr gewesen sein,
als ich verlangte 'nen Schluck Wein.
Ich bin mir sicher, dass ich nicht schwankte,
als ich nach einer Zigarette 'langte'.

Hab' sie geraucht und weiter nichts mehr,
hat mir erzählt Martin, ein Freund, dann später.
Sei nicht mehr zu finden gewesen dort,
bestimmt schon ein, zwei Stunden fort.

Er machte den Vorschlag unter Buchen,
den Vermissten getrennt zu suchen:
'Jeder streift jetzt durch die Nacht,
auf jedes Geräusch habt Acht!"

Und auf einmal haben sie mich gefunden:
Ich lag im Grase, das Gesicht nach unten.
Die Babs die meinte ich wär tot.
Sie weinte: 'Wie bringen wir das wieder ins Lot?'

Zuerst schleppten sie mich hoch zum Wagen,
dann schüttelten sie mich am Kragen.
Durch Ohrfeigen dann hoch 'gepeppelt',
die Augen ich aufschlug umnebelt.

Martin fuhr schnell die anderen heim,
dann kamen wir bei meiner Mutter rein.
'Was ist passiert!?' Sie war entsetzt.
'Nichts ... keine Angst, ich hab' mich nur ins
Gras gesetzt!'

Und die Moral von der Geschicht:
Trau einer 'geschnorrten' Zigarette nicht!

Das Abendmahl

Ich sitz' in einem Gartenlokal
und will bestelln ein Abendmahl.
Doch der Wirt, der rührt sich nicht
er ist wohl nicht auf mein Geld erpicht.

Kaum ist der letzte Satz beendet,
sich alles zu 'nem Guten wendet.
Die Wirtin kommt an meinen Tisch
und fragt, was ich haben will ganz frisch.

Ich les' mir durch die Speisekart'
das Essen soll nicht sein zu hart,
such mir einen Handkäs' aus
und denk' mich trifft 'ne große Laus,

denn die Wirtin meint: 'Bitte warten Sie,
bis wir gegessen haben,
dann kommt der Käs' für Sie
und Sie können sich dran laben!'

Jetzt sitz' ich hier und trinke Wein,
auch das Rauchen lass' ich nicht sein
und schreibe diesen Vorgang nieder,
damit ich lesen kann ihn immer wieder.

Der Wein, der geht so schnell zur Neige,
doch bin ich hierbei nicht zu feige,
mir noch ein Viertel zu bestellen jetzt.
Ich denk': 'Schnell bringt ihn her oder es fetzt!'

Die Wirtsleut' hocken jetzt so 'rum,
keiner von ihnen schert sich drum,
wie mein Magen rebelliert,
sie essen, ja, ganz ungeniert.

Mir bleibt zu warten, bis sie gegessen,
ich riech den Duft von ihrem Essen,
derweil mein Magen hängt am Knie,
ich denk: 'mein Essen kommt wohl nie?!'

Endlich: die Wirtin schaut jetzt zu mir her,
Ach Gott, hab' ich gelitten sehr!
Ich hoff', dass gleich der Käs' hier ist,
noch bevor es Petrus regnen läßt!

Drei

Wieder einmal bin ich im Krankenhaus,
Schwestern und Ärzte haben Frühstückspaus'.
Ich warte vor der Station U 3
und hab' einen Hunger, Mensch für drei!

Inzwischen ist es fast schon Zwölf
ich hab' ein Bett seit Viertel nach Elf.
Hinter mir liegen drei Untersuchungen:
EKG, Blutzapfen und Röntgen der Lungen.

Ich lieg' in einem Vier-Bett-Zimmer,
wir waren zu fünft, jetzt sind wir's nimmer.
Mit drei Mann hock' ich hier herum,
wir machen keinen Finger krumm!

Die Männer sind alle älter als ich,
ich werde das auch noch, hoffentlich...
Es gibt auch nette Schwestern hier,
vielmehr als drei, das glaubet mir!

Schreiben

Auf einem Stuhl
      Der Stoff zum Schreiben
an einem Tisch
      überfällt mich
sitzen.
      wie eine Lawine:
Musik berieselt mich,
      ich schreibe, schreibe
ich schreibe
      und schreibe ... bis der
irgendwas,
      letzte Gedanke aus meinem
was mir eben einfällt!
      Gehirn rieselt.

Liebes-Weisheiten

1

Die Liebe schweigt bei mir jetzt still,
ich nichts mehr von ihr hören will.
Wer schon mehrmals wurde sehr enttäuscht,
der solchen Dingen schnell entfleucht.

2

Man verliebt sich sehr schnell.
Noch schneller erkennt man die Fehler des
Anderen. Doch erst viel zu spät dringt dies als
Erkenntnis ins Bewußtsein.

3

Hat man sich aus Liebe mal verrannt,
rennt man auch schon an 'ne Wand.
Denn der andere fühlt nicht so,
man hat sich in den Kopf gesetzt einen Floh.

WG- 'Notstand'

Ich bin gegangen gammeln
um Klopapier zu sammeln,
denn wir haben hier nichts mehr,
das ist zu Bedauern sehr.

Im 'Jägerhaus' oder daneben,
wo viele Menschen leben,
ja, da werde ich's mir holen,
das ist doch nicht gestohlen?

Wenn jemand sich was zum Essen 'borgt'
nennt man es 'Mundraub'.
Und wenn einer sich mit Klopapier 'versorgt',
heißt es dann nicht, mit Verlaub,
'Arschraub?'

Immer wieder

Musik hören.
Sich durch den Klang
der Instrumente
berauschen lassen.
Alles um sich herum
vergessen.

Dem Wechselbad
der Melodien lauschen...
und fluchen,
wenn plötzlich die Platte ausläuft.
Die Seite wechseln
und alles beginnt von Vorne:

Ewiger verflixter Kreislauf!

'Resignation'

„Ich hoffe, ich hab' ihr eine gute Nacht ge-
wünscht?
Sie, ja sie, liebe ich von ganzem Herzen.
Der Gedanke an sie bereitet mir Schmerzen!

Jetzt müssten sie 'Leonard Cohen' auflegen:
'Susanne!'
Ja, Susann, ich liebe Dich! I love you!"

Und von seinen Lippen troff Blut!
Blut von seiner Susann! War das richtig?
Nein, er würde sie nicht töten!

„Sie ist so schön: sie ist beautiful!"
Im Gegensatz zur Vermieterin.
Die war geizig und alt; doch wie lange noch?

Ein Verrückter spielte die Geige!
In diesem Falle die Schreibmaschine;
die Gitarre stand in der Ecke und schwieg ...

Die Gitarre ... sollte sie etwas sagen? Sie konnte
nicht: die Stahlsaiten schnürten ihr die Kehle zu!
„Ich liebe sie immer noch ... meine Gitarre!"

Die Gitarre zuerst, dann Susann und dann erst den Cola-Rot, der neben ihm steht und ebenfalls kein Sterbenswörtchen sagt ... 'Resignation'!

„Die Lady in diesem Lied ist süß, oder nicht?" Die Dame vom Kiosk ist daran schuld: Sie gab ihm den Wein! Doch das macht nichts ... er ist der glücklichste Mensch dieser Erde!

Frau R ... kehrte den Gehsteig! Und das Mittwochs, als hätte sie nichts besseres zu tun! Seine Musik hatte sie nicht erfreut. Sie erfreute sich nur an den geputzten Fenstern!

Und er saß weiterhin in seinem Zimmer, goss sich den 'Cola-Rot' hinein und sagte nichts mehr. Er konnte nicht mehr ... Frau R ... machte ihn fertig; diese Frau war an seinem Tod schuldig!

Und dann kam die 'Wallstreet'! Diese Straße erfüllte ihn mit Stolz! Und mit Leben!

Die Musik dröhnte in dem kleinen Zimmer. Er holte sich die 'Wallstreet' zurück!

Doch ... war er wirklich glücklich?

Nein, er sehnte sich nach Susann, welche er liebte,
und sie ... sie liebte ihn wahrscheinlich ebenso ...

Lange blieb er nicht mehr hier! Nein, er machte sich langsam auf den Weg. Dieses 'Kaff' machte ihn krank!

Frau R ... sitzt in ihrer Wohnung und hebt sich die Ohren zu. Sie will kochen. Doch sie kann nicht. Die Musik, welche von unten heraufdröhnt, macht sie total verrückt!

Er glaubte an die guten Vorzeichen!
Der Kiosk war bestimmt noch offen! Er musste sich seinen Tabak holen ...

...Susann's Geliebter setzte sich an seine Schreibmaschine.

Alles andere war ihm genommen worden.

Liebe Vera,

*als wir eben am Telefon über's Kaffetrinken
sprachen, sah ich mich schon am Rande Deines
(excuse me, wenn ich zu tief in Deine Intimsphäre
eingreifen sollte) Bettes sitzen, mit einem Tablett
in der Hand, auf welchem eine Kanne Kaffee und
zwei Tassen standen. Ich reichte Dir eine der
Tassen, goss diesen köstlichen Kaffee hinein,
vielmehr nur einen Teil davon, gerade so viel, wie
in die kleine Tasse hineinpasste, reichte Dir diese
kleine Tasse an Deinen süßen kirschroten Mund,
nahm selbst eine Tasse in die andere Hand, goss
mir mit der dritten Hand den Kaffee hinein,
ebenfalls nur einen kleinen Teil, gerade soviel
wie in die kleine Tasse passte, und wir stießen
anschließend dann gleichzeitig unsere Tassen
gegeneinander, so dass ein zuckersüß schep-
pernder Ton erklang, ja wir prosteten uns zu, wie
zwei Zechbrüder, die in einer 'Kneipe' ihre
Biergläser zusammen 'knallen' lassen, sahen uns
mindestens, wenn nicht mehr, vielleicht noch ein
paar Sekunden länger in die Augen, ich erkannte
dabei, dass Du wundervolle braungraugrüne
Aüglein hattest (die Du ja hoffentlich jetzt auch
noch hast), eine süße kleine Nase, welche richtig
zum Anbeißen war, ich hätte fast, im Traum, Dir
in diese Nase hineingebissen, das wäre aber*

schade gewesen, vielleicht sogar noch viel, viel trauriger, denn dann wäre Dein hübsches Gesicht nicht mehr ganz so hübsch, und als ich mir dies so vorstellte, ließ ich lieber davon ab, Dir in Deine Nase zu beißen und widmete mich wieder meinem Kaffee, Du widmetest Dich dem Deinen, und wir tranken genüsslich den guten braunen Kaffee, währenddessen wir uns immer weiter in die Augen schauten, und ich fühlte mich schon richtig bei Dir zuhause, fühlte, als wenn ich schon immer da gesessen hätte, an Deinem Bette, mit der Kaffetasse in der Hand, als wenn wir schon längere Zeit den Kaffee zusammen schlürfen würden, ja ich fühlte mich, als wäre ich mit Dir verheiratet, und wenn nicht verheiratet, dann doch bestimmt verlobt mit Dir.

Ja, das wollte ich Dir im Zusammenhang mit dem Kaffetrinken berichten!

Ist es nicht komisch, was man so alles träumen kann, wenn man an etwas denkt, was noch nicht ist oder war?

Aus dem Tagebuch eines 'Bikers'

Ich bin in Westerstetten, 15 km vor Ulm, einge-troffen. Endlich. Allerdings mit eingefrorenen Handgelenken. Hatte ich bei meinen Vorberei-tungen für die Reise an alles gedacht: nur an Handschuhe, sprich Winterkleidung nicht!

Seitdem ich von zuhause weggeradelt bin, habe ich klimamäßig alles mitgemacht: Temperaturen von fast 30 Grad Celsius am ersten Tag, Regen am zweiten, kühler, stürmiger Wind am dritten und heute eisige Kälte. Das liegt wohl an den verschiedenen Höhenlagen zwischen Mannheim und Ulm.

Am ersten Tag habe ich einen kleinen Umweg gemacht und bin in Schönau, ganz im Norden Mannheims, losgefahren. Dann ging es über Gartenstadt, Käfertal, Viernheim, Heddesheim, Schriesheim, Dossenheim und Handschuhsheim nach Heidelberg. Anschließend an Heidelberg-Rohrbach vorbei über Gaiberg, Bammental, Gauangelloch, Baiertal, Horrenberg, Balzfeld, Hoffenheim nach Sinsheim. Von dort aus über Steinsfurth, Fürfeld, Heilbronn-Kirschhausen, Heilbronn-Frankenbach nach Heilbronn-Böckin-gen, wo ich eine Pause im Gasthof „kleiner Wartberg" machte.

Am nächsten Morgen um halb neun fuhr ich weiter: Über Flein und Untergruppenbach, Unterheinriet, Etzlenswenden, Neulautern, Stockberg und Spiegelberg raste ich das Lautertal hinab nach Lautern. Von dort aus ging es etwas beschwerlicher über Sulzbach an der Murr an Schleißweiler vorbei nach Murrhardt. Von Murrhardt nach Westermurr und über Unterneustetten, Oberneustetten und Kirchenkirnberg nach Gschwend, meinem Endziel des zweiten Tages. Gegen 16 Uhr 30 kehrte ich im Gasthof „Engel" ein, aß etwas Warmes zu Abend und nach einer entspannenden Nacht legte ich am nächsten Morgen gleich nach dem Frühstück wieder los. Von Gschwend aus die B 298 entlang nach Hinterlintal und über Vorderspraitbach, Mutlangen nach Schwäbisch Gmünd. Hier hielt ich mich nicht lange auf, sondern strampelte über Straßdorf auf den Berg Hohenrechberg und nach Rechberg, dann über den Streifen (767m) nach Wißgoldingen, Winzingen, Denzdorf, Süßen, Gingen, Kuchen und Geislingen. Jetzt erst machte ich Station im Cafe „Dolomiti" und kletterte die Steige nach Amstetten hinauf. In Amstetten kam ich im Gasthof „Alte Post" unter, legte mich bereits um 20 Uhr 30 zur Ruhe, wachte dann heute Morgen um 7 Uhr auf, frühstückte bis halb neun und radelte dann über Urspring und Lonsee nach Westerstetten.

Hier sitze ich nun, meine Handgelenke sind jetzt aufgetaut, es ist halb elf und es wird Zeit, die letzte Etappe nach Ulm in Angriff zu nehmen. Leichter gesagt als getan, denn meine Beinmuskeln schmerzen ungemein!

Gerade eben sind acht Bundeswehrhubschrauber über mich hinweg gedonnert, in der Ferne höre ich das Bollern von Geschützessalven ... ob der Krieg, der dritte Weltkrieg, jetzt schon ausgebrochen ist?

II

Liedertexte
(1986-1990)

Miteinander

Der Hase und der Bär

Es lebt im Wald ein kleiner Bär,
nur Bäum' und Büsche um ihn her.
Er freut sich jeden Tag auf die Natur,
hat weder Geld noch eine Uhr.

Er ist zufrieden mit dem was er gerade hat,
es ist nicht viel und er wird trotzdem satt.
Wahre Freundschaft ist was auf das er hält,
nicht Neid und Missgunst, die herrschen auf der
Menschenwelt!

Wahre Freunde kann man sich nicht kaufen,
weiß der Bär, denn er kann laufen
zum Nachbarn Hasen, der um die Ecke wohnt,
mit dem es sich zu reden lohnt.

Dort kommt er an ganz wohlgemut,
der Hase steht im Vorgarten mit Hut.
Er ist gerade am Säen und Gießen,
so dass alles schön blühen kann und sprießen.

Sie begrüßen sich ganz freudevoll,
fall'n um den Hals sich fast wie toll.
Sagt mir, wo es das noch gibt?
Auf der Menschenwelt man sowas nicht oft sieht!

Wahre Freunde kann man sich nicht kaufen
weiß der Bär, ja, er kann laufen
zum Nachbarn Hasen, der um die Ecke wohnt,
mit dem es sich zu reden lohnt.

„Ja lieber Hase", spricht da der Bär,
„zu Dir komm' ich immer gerne her.
Denn in Freud' wie und auch im Leid
wir verstehen uns einander beid'.

Würdest Du mal sein in Not,
dann breche ich mit Dir mein Brot.
Und solltest Du mal einsam sein,
glaub mir: zusammen sind wir nicht allein!"

Wahre Freunde kann man sich nicht kaufen
weiß der Bär, ja, er jann laufen,
zum Nachbarn Hasen, der um die Ecke wohnt,
mit dem es sich zu reden lohnt!

Miteinander Singen

Es ist sehr schön miteinander zu singen,
lachen und tanzen, sich einfach zu freun.
Zu musizieren, die Lieder erklingen,
frohe Gesichter zu sehn.

Für kurze Zeit den Alltag vergessen,
die Sorgen und all das was einen bedrückt.
Sich ganz hingeben, dem Zauber erliegen,
der uns ganz plötzlich umgibt.

Kommt, singt doch mit!
Kommt, alle herbei!
Wir haben bestimmt sehr viel Freude dabei.

Es macht viel Spaß, miteinander zu singen,
lachen und tanzen, sich einfach zu freun.
Zu musizieren, die Lieder erklingen,
frohe Menschen zu sehn.

Der, der nicht mitsingt, soll's einfach probieren,
es ist nicht schwer, er brauch' sich nicht genier'n.
Sich ganz hingeben, dem Zauber erliegen,
der uns ganz plötzlich umgibt.

Kommt, singt doch mit!
Kommt alle herbei!
Wir haben bestimmt sehr viel Freude dabei.

Minnesang

Ich hab' eine holde Maid gesehn
Sie stieg aus ihrem Wagen.
Sah ihre güldnen Haare wehn,
wie gern würd' ich ihr jetzt sagen:

Du bist so wunderschön,
ach, so herzig anzusehn.

Ich sah sie in ihr Haus rein gehn,
mir wurd's ganz flau im Magen.
Ach könnt ich sie doch wiedersehn,
würd' sie auf Händen tragen.

Sie ist so wunderschön,
ach, so herzig anzusehn.

Doch weiß ich auch, es ist sehr schwer,
ihr Herz mir zu erringen.
Ich wäre froh, wenn's denn so wär'
doch will ich jetzt nurmehr von ihr singen:

Sie war so wunderschön,
ach, so herzig anzusehn.

III

Neue Werke
(1997-2001)

Einsichten

Auf der 'Kippe'

Pünktlich ist Heribert an der Pizzeria. Nervös kramt er in den Taschen seiner Jeans. Er steckt sich einen Kaugummi in den Mund und betritt das Lokal. Wohlige Wärme nimmt ihn und seine Brille in Beschlag. Mit einem Taschentuch putzt er die Gläser.

„Tür zu, es zieht!" schreit einer der Gäste.

Während Heribert der Aufforderung folgt, glaubt er sich von Blicken durchbohrt. Er spürt wie er rot wird und dreht sich langsam um: Fast alle Plätze sind besetzt. Die einen löffeln Eiscreme und andere stochern mit Gabeln in ihrem Essen. Mit verkniffenen Augen sucht Heribert die Tischreihen ab.

„Hier sind wir Heribert!"

Die Stimme die ihn ruft, ist ihm wohlvertraut. In der hintersten Ecke entdeckt er sie: Steffi, seine Steffi und Ebi, seinen besten Freund. In trauter Zweisamkeit. Dicht beieinander.

Heribert geht auf sie zu. Beine wie Pudding hat er. Bleibt vor ihnen stehen. Versucht sich lässig zu geben. Sein Herz pocht bis zum Hals.

„Hallo", sagt er und setzt sich.

„Du wolltest mit uns reden?" fragt Steffi.

„Mit dir..."

„Ich hab' keine Geheimnisse vor ihm", sagt Steffi und blickt Ebi verliebt an.

„Warum willst du dich von mir trennen?"

„Es geht nicht mehr", sagt sie.

„Ich wollte mich ändern, Steffi..."

„Du hast dich längst verändert..."

„Wir hätten es doch nochmal versuchen können?"

„Als ich dich brauchte, Heribert, warst du nicht da. Du weißt warum!"

„Ich trinke weniger..."

„Zu spät ... es ist zuviel kaputt gegangen."

Heribert schweigt.

„Versprich mir: mach bitte keinen Blödsinn!"

Heribert schweigt.

„Auch wenn Schluss ist, Heribert, ich mag dich dennoch!"

Heribert legt die Hände in den Schoß. Sie zittern.

„Keine Sorge, Steffi", sagt er. Ihm ist ganz übel. „Ich werde irgendwie klar kommen!" Abrupt steht er auf. „Ich muss gehen", sagt er. „Ich weiß jetzt woran ich bin. Jedenfalls ... wünsch ich euch alles Gute."

Draußen regnet es. Dicke schwere Tropfen prasseln auf ihn nieder, vermischen sich mit den Tränen, die seine Wangen herab laufen. Heribert fühlt sich wie in einen tiefen Abgrund gezogen. Er steigt ins Auto. Weint hemmungslos. Dann fährt er los.

Am Telefon, während der Arbeit, hatte er sie kennen gelernt. Noch am gleichen Abend hatten sie sich am Hauptbahnhof getroffen. Sahen sich an. Blitze zuckten. Sie fassten sich an der Hand. Es war um sie geschehen.

Heribert war glücklich wie noch nie!

Eines Nachts dann, war er von der Spätschicht heimgekommen und hatte eine Nachricht von Steffi auf seinem Bett vorgefunden: „Ich bin bei Ebi." Mehr nicht!

Die Ampel zeigt 'Rot'. Heribert hält an. 'Ich fahr gegen eine Mauer', denkt er, 'dann werden sie alle sehen, was sie an mir hatten!' Er stellt es sich vor: sein Auto schiebt sich krachend zusammen. Glas splittert. Seine Knochen brechen. Sein Körper ist nur noch ein blutiger Klumpen....

Heribert biegt von der normalen Route ab und benutzt einen 'Schleichweg'. Den nimmt er oft, wenn er getrunken hat. Heute hatte er sich Mut antrinken müssen! Um stark zu sein. Stark genug, Steffi gegenüber treten zu können.

'Wenn die Polizei mich anhält', denkt Heribert, 'ist der Führerschein garantiert weg. Ach was! Bisher hab ich Glück gehabt. Warum sollten sie mich dieses Mal erwischen?' Er lächelt.

Über Schlaglöcher und Kopfsteinpflaster geht es an Fabriken und Lagerhallen vorbei. Ohne Zwischenfall ergattert er sich einen der letzten Parkplätze in seiner Straße.

Schwerfällig erklimmt er die Stufen zu seiner Wohnung. Drinnen wirft er seine Jacke in eine

Ecke und geht in die Küche. Auf der Spüle stapelt sich das Geschirr. Es ist ihm egal. Er will nur eins: die Gedanken an Steffi auslöschen.

„Ich besauf ' mich", murmelt er, nimmt ein Bier aus dem Kasten und zählt die darin verbliebenen Flaschen. Es wäre katastrophal, wenn er nicht genug auf Vorrat hätte...

Im Sessel stiert er vor sich hin. Er fühlt sich allein. Wie schon so oft. Er setzt die Flasche an die Lippen und lässt das Bier in sich hinein laufen. Es rinnt seine Kehle hinab. Ihm wird warm. Seine Hände flattern nicht mehr. Nur die Verzweiflung ... sie bleibt.

Bilder aus seinem Leben zwingen sich ihm auf. Betrübliche. Hatte es nicht auch schöne Momente gegeben? Er kann sich beim besten Willen nicht erinnern.

Seit frühester Jugend hatte er sehr unter der strengen Erziehung seiner Eltern, insbesondere seines Vaters, gelitten:

„Tu' dies nicht, tu' das nicht!" - „Was hast du da wieder angestellt!" - „Das hättest du viel besser machen können!" - „Nichts kannst du zu Ende bringen!"

Heribert hält sich die Ohren zu. Er glaubt die Vorwürfe jetzt noch zu hören.

Ja, anfangs hatte er widersprochen. Trotzig. Sein Vater ließ seine aufgestaute Wut meistens an ihm

aus. Schrie. Tobte. Steigerte sich ins Unermess-
liche.

Heribert war mit der Zeit verstummt. Und seine
Mutter? Sie stand heulend daneben, wusste nicht,
was tun.

Heribert zeriss es fast das Herz, seine Mutter wei-
nen zu sehen. Rannte auf sein Zimmer. Schlug
zornig die Tür zu. War voller Hass: gegen seinen
Vater!

Wieder war ein Streit gewesen. Geduldig wartete
Heribert, bis seine Eltern schliefen. Im Dunkeln
schlich er sich die Treppen hinab. Tastete sich an
den Wänden entlang. Öffnete leise die Kellertür.
Knipste das Licht an. Fand seines Vaters 'gut'
versteckten Schnaps. Trank langsam ein, zwei
Schlucke. Es brannte höllisch, er rang nach Luft.
Doch gleich war ihm wohler. Mit Wasser füllte er
die Flasche wieder auf. Schließlich durfte keiner
etwas merken!

Als Heribert sich sein eigenes Geld verdiente, zog
er von zuhause aus. Er dachte, es würde alles
besser werden.

Schlimmer wurde es: Kontrollverluste und Film-
risse wechselten sich ab. Oft verbrachte er seine
Nächte in einer Ausnüchterungszelle. Sein Hass
hatte sich verlagert: Auf die Polizei, Vermieter
und die Bundeswehr. Sie alle waren Schuld an
seiner Misere!

'Blöde Bundeswehr', denkt Heribert, 'war hinter mir her, wie ich den Weiberröcken! Und weder sie', er lacht, 'noch ich, waren je erfolgreich gewesen!'

Als ihm eines Tages bewusst wurde, alkoholabhängig zu sein, wäre er gerne zum 'Bund' gegangen. Hätte alle Probleme hinter sich lassen können. Zudem malte er sich aus, unter dem dortigen Druck, sowieso nicht zu überleben.

Nach einer erneuten Musterung, stuften sie ihn 'untauglich'.

Dann hatten ihn seine WG-Mitbewohner genervt: „Trink nicht soviel, Heribert", sagten sie, oder: „Hättest du gestern nicht gesoffen, könntest du heute arbeiten gehen!"

Heribert fühlte sich, vom Regen in die Traufe geraten zu sein.

Und wieder war er umgezogen. Diesmal aber in sein 'eigenes' Reich. Hier konnte ihn keiner mehr bevormunden!

„Und was hab ich davon?" lallt Heribert. „Entweder ich geh vor Einsamkeit zugrunde oder ich trinke mich zu Tode. Totsaufen ist mir da lieber!" Heribert torkelt zum Wandschrank. Öffnet ihn. Findet eine angebrochene Rotweinflasche. Gierig leert er sie bis auf den letzten Tropfen. Dann fällt er auf's Bett und vergräbt sein Gesicht im Kissen. Es riecht nach Steffi.

„Ach Steffi", murmelt er, „meine Steffi..."

Am nächsten Mittag ist Heribert mit seinem VW-Käfer unterwegs. In einer Rechtskurve streift er einen ihm entgegen kommenden Lastkraftwagen. Heribert begeht Fahrerflucht. Zweihundert Meter weiter streikt der Motor. Heribert läßt sein Auto an der Straße stehen. Passanten halten ihn fest, bis die Polizei eintrifft. Der Blut-Alkohol-Test ergibt 2,4 Promille.

Vier Wochen später wird Heribert frühmorgens abgeholt. Sein Suchtberater und der Sozialbetreuer seiner Dienststelle wollen ihn in eine Suchtklinik bringen. Keine Sekunde lassen sie ihn aus den Augen.
'Sie wollen wohl sichergehen, dass ich nicht abhaue', denkt Heribert.
Sie brauchen keine Bedenken zu haben. Heribert hat sich entschlossen, sein Leben zu ändern. Er hat die Gelegenheit und sich selbst beim Schopfe gepackt!
Wird es ihm gelingen, sich aus dem Sumpf zu ziehen? Er weiß es nicht, aber vielleicht ist es seine letzte Chance?

Erstens kommt es anders, zweitens...

„Ich brauch nichts! Weder Staubsauger noch Versicherungen!" Der Mann im Pyjama will die Tür wieder schließen, die Frau im Flur ist schneller und schiebt einen Fuß in die Öffnung.

„Heinrich Del Mar?"

„Steht doch draußen dran! Was wollen Sie, ich bin müde und hab' die ganze Nacht kein ..."

„Bitte hören Sie ... suchen Sie jemand ..."

„Was? Ausfindig machen? Mach' ich nicht! Ich bin Schriftsteller und kein, kein ... woher haben Sie überhaupt meine Adresse?" Er stemmt sich gegen die Tür.

„Aua, mein Bein! Können Sie nicht aufpassen?" Sie reibt sich das Knie. „ Sie sind mir empfohlen worden und man hat Sie mir als netten und hilfsbereiten Menschen..."

„Na gut! Kommen Sie rein!" Del Mar räumt einen Stuhl frei und zieht die Jalousien hoch. „Setzen Sie..." Ihm bleibt die Luft weg: höchstens 35, schwarzer Rock, wunderschöne Beine, himmel blaue Augen und schulterlanges, dunkelblond gelocktes Haar. „Wollen Sie einen Kaffee?" fragt er, als er wieder atmen kann. Sie nickt und während er am Herd hantiert, schaut sie interessiert zu ihm hinüber:

'Groß und breitschultrig und gekämmt und richtig angezogen...?' „Sind Sie immer so, so..."

„Unfreundlich?" ergänzt Del Mar und dreht sich um.

„Nein, ekelhaft, abscheulich!"

„Tut mir leid. Soll nicht wieder vorkommen. Sie müssen wissen, ich, äh, wie heißen Sie ei..."

„Isabella Pana", fällt sie ihm ins Wort. „Ich hab' mir überall die Hacken abgerannt. Detekteien, Meldeämter. Sie sind meine letzte Hoffnung! Man sagte mir, Sie kennen Gott und die..."

„Nun mal der Reihe nach! Wen suchen sie denn?" Der Kessel pfeift. Del Mar gießt das Wasser in den Filter und stellt zwei Tassen hin. „Trinken Sie mit oder ohne?"

„Bitte? Ach so, am liebsten ... schwarz und ohne Zucker." Sie senkt den Kopf. „Es ist lange her. Über zwanzig Jahre. Einige Straßen von hier. Er gefiel mir. Sprach aber nicht mit mir und sah mich nie richtig an. Und eines Tages war er weg! Mir blieb nur sein Name: Rainer."

„Warum sind Sie gerade hinter ihm her? Andere Mütter haben doch auch schöne Söhne!?"

„Ich wollte studieren", sie klemmt sich eine widerspenstige Locke hinter's Ohr, „in Athen..."

„Sind Sie Griechin?" Del Mar reicht ihr eine Tasse.

„Danke!" Sie trinkt, verschluckt sich und hustet. „Ich, nein, mein Vater war Grieche und meine Mutter stammt von hier. Jedenfalls heiratete ich, und er ... trennte sich von mir, wegen einer anderen! Seitdem bin ich auf der Suche. Ich weiß nicht ... was ich..."

„Ich kann mir vorstellen, wie es Ihnen geht. Glauben Sie mir: Eines Tages wissen Sie, was Sie wollen! Doch nun zurück zu Ihrem Heiner."

„Rainer!"

„Gut, Rainer. Rainer gibt es wie Sand am Meer! Ich heiße übrigens auch so." Er schmunzelt.

„Was? Ich dachte Heinrich..."

„Del Mar? Er lacht. „Das ist mein Pseudonym. Jeder Künstler hat eins!"

„Und was haben Sie als Autor in dieser Gegend verloren?"

„Tja, anfangs arbeitete ich mit Holz. Dann malte und musizierte ich. Und jetzt blühe ich auf, wenn ich schreibe. Hier fühle ich mich wohl: Mitten im Leben! Früher wohnte ich schon mal hier..."

„Sie auch? Vielleicht kennen wir uns!" Ihre Augen funkeln. „Und wann?"

„Was und wann?"

„Na, Sie wollten doch sagen, Sie hätten einmal hier in der Nähe..."

„Ja." Er runzelt die Stirn. „Vor mehr als zwanzig Jahren, hm, kann es sein, ist es ... hatten Sie einen Spitznamen?"

„Woher wissen Sie das? Ja, man nannte mich Bella!"

„Bella donna! Hat Ihr Rainer unveränderliche Kennzeichen? Irgendein Merkmal: Hasenscharte, krumme Beine oder..."

„Ja, warten Sie!" Ihre Wangen glühen. „Eine große Narbe am ... ja, am rechten Arm..." Sie springt auf, packt Del Mar und schüttelt ihn. „Erzählen Sie..."

„Nicht so ungedul..."

„Reden Sie end..."

„Ich glaube, Sie brauchen nicht..."

„Kennen Sie ihn, wissen Sie wen..."

Langsam krempelt Del Mar den rechten Ärmel seiner Pyjamajacke hoch...

Ohne Worte

Bevor ich die Wohnung verlasse, überprüfe ich ob alles in Ordnung ist:
Wasserhähne zu, die Herdplatten, Lichter alle aus, der Fernseher und die Kompakt-Musikanlage, ob die Fenster geschlossen sind, keine verderbliche Ware im Kühlschrank oder auf dem Sideboard, Aschenbecher geleert, der Müll runtergetragen, die Pflanzen versorgt sind, alles was ich nicht brauche, wie Autoschlüssel, Schlüssel der Eltern, Girokontokarte, Fahrzeugschein rausgetan, was noch, ach ja, hab' ich alles dabei was mein Herz begehrt, ich denke schon, Tasche zugemacht, Beutel mit Trockenblumen ist auch okay. Noch 45 Minuten bis 18Uhr30, dann kommt das Taxi. Für ein, zwei Zigaretten ist noch Zeit, immer noch 'ne halbe Stunde, nochmal auf's Klo, ich will ja nicht unbedingt gleich im Zug müssen, die Toiletten dort sind ja so verdreckt, immer noch 'ne Viertelstunde. Ich will das Taxi nicht verpassen, ach was soll's, ich zieh die Jacke schon mal an, prüfe den Geldbeutel und ob das Haar sitzt, packe die Tasche, proppevoll ist die, und den Beutel, öffne die Tür und geh nach draußen, mach die Tür zu und schließe ab, indem ich den Schlüssel einmal nach links drehe, steige die drei Stockwerke nach unten, Mann ist die Tasche schwer, stelle sie unten ab, den Beutel daneben,

immer noch zwölf Minuten. Die Brille muss noch geputzt werden, hole das Brillentuch aus der linken, vorderen Hosentasche und säubere die kleinen runden Augenfenster.

Jede Tasche meiner Hose ist Stammplatz für die jeweiligen Sachen, die ich immer dabei habe: die linke beherbergt das schon erwähnte Brillenputztuch, Mikrofaser versteht sich, wenn ich nicht gerade mit dem Zug fahren will, den Autoschlüssel, wenn ich zu meinen Eltern gehe, zusätzlich deren Hausschlüssel, ansonsten aber nicht, in der rechten ist Platz für meinen Haustürschlüssel und diverse Taschentücher, früher waren sie aus Stoff, mittlerweile sind es Papiertücher, aus hygienischen Gründen, na das muss ich aber nicht gerade jetzt bis ins kleinste Detail erklären! Die hintere rechte Gesäßtasche hat immer, ob ich nun mit dem Auto fahre oder meine Eltern besuche, mit der Straßenbahn oder zu Fuß unterwegs bin, am Arbeitsplatz, wenn ich bei Freunden bin, im Kino, auf einer Wanderung oder wie jetzt nachher im Zug nach Neumünster, selbst Nachts, wenn ich die Hose gar nicht mehr anhabe, wenn sie vielleicht schon längst auf einem Stuhl liegt oder hängt oder irgendwo im Zimmer auf dem Boden rumliegt, sei es nun mein Zimmer oder ganz wo anders, wie jetzt, dann in Neumünster, in einem völlig fremden, also immer, meinen Geldbeutel zum Inhalt.

Nur dann nicht, wenn ich etwas bezahlen muss oder in eine Verkehrskontrolle gerate. Dann nehm' ich ihn aus der Tasche. Ich hab' ihn übrigens noch nie verloren, Gewöhnungssache, der Beutel gehört irgendwie schon zu meinem Gesäß dazu, sobald er aus der Gesäßtasche ist, wird mir ganz kühl an der Stelle, am rechten Teil meines Gesäßes, also am rechten Hinterbacken, natürlich aus meiner Perspektive. Würde einer vor mir stehen, mit dem Gesicht meinem zugewandt, also vis-a-vis, wär's natürlich links, ist doch klar, würde jemand hinter mir sein, dann wäre es die gleiche Sicht, ach ja, geklaut worden ist er auch noch nicht, würde ich sofort merken, wenn mir einer da hinten hingreifen würde. Das Portmonee hat ja auch immer eine gewisse Schwere, hängt tief in der Tasche, ist ja auch viel drin, nein, nicht nur Geld, außer Scheine auch Münzgeld, als Raucher brauchst du das, Fünfmarkstücke, aber auch Zwei- oder Einmarkstücke ... ah, endlich! Das Taxi...

*

Ich sitze bereits am richtigen Bahnsteig. Bin zu früh dran. Fast eine Stunde. Konnte es nicht abwarten, war viel zu 'hibbelig'. Im Taxi war's

recht lustig. Zuerst nicht, aber später. Der Fahrer half mir mit der Tasche und stellte sie hinten in den Kofferraum. Dann öffnete er mir von drinnen den Wagenschlag, alte Schule. Ich stieg ein. Mit zittrigen Fingern versuchte ich den Gurt in die dafür vorgesehene Lasche zu stecken. Es gelang!
Wir fuhren los. Die ersten Minuten waren wir ziemlich ruhig, nachdem er wusste, wohin ich wollte. Dann wurde mir diese Stille peinlich, merkwürdige Atmosphäre. Also packte ich meinen ganzen Mut beim Schopfe und sagte zum Taxifahrer, dass ich gerne mit ihm sprechen, mir aber absolut nichts einfallen würde. Flugs setzte ich ein nettes Geplänkel über dieses und jenes in Gang. So verlief die Fahrt zum Hauptbahnhof ohne lästiges Schweigen. Dort angekommen verabschiedeteten wir uns mit den üblichen Floskeln: „Auf Wiedersehen und bis dann!"
Zielstrebig lief ich ins Innere des Bahnhofsgebäudes.

*

Ich hab' ein Abteil gefunden, völlig leer. Raucher. Natürlich Fensterplatz in Fahrtrichtung. Zunächst bleibe ich allein, dann gesellt sich eine Frau zu mir etwa 45 Jahre alt. Gleich darauf tritt

eine etwa 40 Jahre alte Dame ein. Mit zwei
Frauen zusammen im Abteil fahre ich gen Ham-
burg und weiß schon nicht mehr was ich schrei-
ben soll.

Die zuletzt dazu gekommene Frau ist total
schwarz angezogen. Das sieht im Kontrast zu
ihren blonden Haaren ganz passabel aus. Sie liest
in einer Zeitschrift und hält diese mit der linken
Hand auf ihrem Schoß fest. Sie hat sich den Platz,
den übernächsten rechts, gegenüber, direkt am
Eingang ausgesucht. Den Kopf hält sie leicht ge-
beugt nach unten rechts. Eben, nach der Durch-
sage des Schaffners, wir würden gleich Frankfurt
erreichen, änderte sie ihre Körperhaltung in eine
gerade Position und im Moment raucht sie eine
Zigarette, schlägt das rechte über das linke Bein,
zwischen Daumen und Zeigefinger der rechten
Hand löst sie ein Blatt ihrer Zeitschrift, blättert es
um und liest gedankenverloren. Die andere Frau
hat ebenfalls eine Lektüre bei sich, aber keine
Zeitschrift, sondern ein Buch, dessen Titel ich
nicht entziffern kann, da sie das Buch fast
waagerecht auf den Knien hält. Eben zündet sie
sich auch eine Zigarette an. Die 45jährige,
schwarz gekleidete hebt ihren Kopf und schaut
nach links durch das Abteilfenster über den Gang
hinweg nach draußen, zu den für sie entschwin-
denden, für mich aber entgegenkommenden
Landschaftsbildern. Beobachtet sie mich viel-

leicht in der widerspiegelnden Scheibe? Ach was! Blödsinn!

Beide Frauen lesen weiter. Die Blonde hat ihre Zigarette inzwischen ausgedrückt. Die andere noch nicht, zieht genüsslich an der kleinen, zylinderförmigen Stange. Gerade blättern beide gleichzeitig je eine Seite um. Die Blondine in ihrer Zeitschrift, die andere in ihrem Buch. Die Nicht-Blonde, eher Brünette, saß anfangs der Blonden direkt gegenüber, dann wechselte sie wohl aus Mangel an Beinfreiheit auf den Platz in der Mitte, mir halbrechts schräg gegenüber.

Ich sitze nicht mehr in Fahrtrichtung, denn Frankfurt ist ein 'Sackbahnhof' und da ich von Mannheim weg nach Frankfurt ganz hinten im vorletzten Waggon saß, müsste ich jetzt vorne im zweiten, hinter der Lokomotive sitzen. So ist das Sprichwort: 'Die letzten werden die ersten sein' wiedereinmal bestätigt worden.

Ein Blick auf die Uhr: noch dreieinhalb Stunden bis Hamburg. Ich zünde mir eine Zigarette an, halte sie in meiner Linken, eingeklemmt zwischen Zeige- und Mittelfinger. Den Schreibblock habe ich auf meine überschlagenen Beine gelegt, leicht schräg, ab und an vom Daumen meiner linken Hand unterstützend festgehalten. Mit der rechten Hand, den Kugelschreiber zwischen Daumen und Zeigefinger gepresst, schreibe ich diesen Vorgang. Es ist nicht einfach, im Zug zu schreiben, es ist das erstemal. Aber was will ich machen, die Zeit bis zum Umstieg in Hamburg muss ich irgendwie nutzen, warum nicht auf diese Weise? Ist meiner Meinung nach, auf jeden Fall besser, als blöd vor sich hin zu schauen oder dumm zu grinsen oder still in sich hinein zu lächeln. Dieses Wackeln und Rattern des Zuges macht mich wahnsinnig!

Ich könnte ja auch lesen, wie meine zwei Damen, aber nein, da müsste ich meine bequeme Sitzhaltung aufgeben, mich mühsam aus dem Zweite-Klassesitz heraus schälen, mich hin stellen, umdrehen die Arme nach oben strecken, die Griffe der Tasche erfassen, die Tasche von der Ablage herunterheben, auf den Sitz vor mich hinstellen, die Schlaufen, welche die Tasche umlaufen, öffnen, den Reißverschluß der Tasche von links nach rechts aufziehen, in der Tasche herumwühlen, das dann endlich gefundene Buch herausholen, es auf den freien Platz neben mir legen, den Reißverschluß wieder von rechts nach links zuziehen, die Schlaufen der Tasche zumachen, die Tasche, nein die Griffe der Tasche nehmen, die Tasche wieder nach oben auf die Ablage wuchten, loslassen, die gestreckten Arme anwinkeln und zu mir nehmen, mich umdrehen, langsam in die Knie gehen, mich hinsetzen, dann könnte ich erst wieder meine bequeme Haltung einnehmen, das Buch mit der Rechten ergreifen, es mit der Linken aufschlagen und zu lesen beginnen. Doch was hätte ich davon. Der Titel des Buches lautet: 'Endlich Nichtraucher.' Und ich sitze doch in einem Raucherabteil! Die blonde Frau hört zu lesen auf, klappt das Buch zusammen, steht auf, legt es mit der Linken auf ihren Sitz, schnappt sich mit der Rechten die Handtasche, hängt sie sich über die linke Schulter, öffnet die Tür des Abteils mit der Rechten, geht, nein, schwebt hinaus, schließt die Tür von außen mit der Linken und ist meinem Blick entschwunden, in Richtung, wer weiß, Toilette oder Speisewagen. Ist auch egal, oder? Würde sie mir bestimmt nicht sagen wollen.

War wohl Toilette, ist schon wieder da. Nimmt Platz. Linkes Bein über rechtes. Schaut nach links, wie schon die ganze Zeit. Nie in meine Richtung, von ihr aus gesehen nach rechts. Will mich bestimmt nicht stören. Ich schreibe ja ununterbrochen. Gerade schüttelt sie ihren Kopf, sehe es aus den Augenwinkeln heraus, sehe wie ihre blonden, halblangen Haare lockerflockig hin und her wellen, sehe es ohne aufzublicken. Als Brillenträger hat man diesbezüglich Vorteile, einen Blickradius von 180 Grad oder so. Das verrückte an dieser Zugfahrt ist: Keiner von uns Dreien hat bislang auch nur ein Wort gesagt. Das ist ziemlich ätzend!

Obliegt es etwa mir ein Gespräch anzufangen?

Faszination des Augenblicks

Im Wohnzimmer am Tisch stehe ich,
blicke durch das große Blumenfenster
auf den Kinderspielplatz hinab,
worauf sich groß und klein tummelt.
Laute Stimmen,
Kinderstimmen, dringen an mein Ohr
werden nur ab und zu
von vorbei fahrenden Autos übertönt.
Kinder kommen, bleiben und gehen wieder,
streiten, rufen, nehmen Abschied.
Ein unbekümmertes Treiben.
Das Bild verändert sich,
gleicht nie dem vorausgegangenen,
meine Augen wandern von einem Punkt
zum anderen, um, wenn möglich,
jede Bewegung wahrzunehmen
und zu verarbeiten.
Stundenlang könnte ich dem Geschehen
zusehen.
Jeder Augenblick
fasziniert und fesselt mich aufs Neue.

Abschied

Sehnsuchtsvoll blicke ich zurück
Du stehst am Bahnsteig
allein
klein
zerbrechlich

Der Zug entfernt mich
weg von Dir
ich will es nicht
gegen den Zug
komm ich nicht an

Jetzt seh ich Dich
nicht mehr
Mir bleibt einzig
Dein Bild
verborgen in mir:

Du blickst mir nach
Gesenkten Hauptes
wendest Du Dich ab
und gehst
Deinen Weg

Trennung

umarmen
küssen
vertraulich
flüstern

wissen
vermissen
auseinandergehen
verlassen

alleine lassen
alleine gelassen werden
alleine sein
jeder für sich

ohne den anderen
jeder für sich
gehen
nicht gemeinsam

an den anderen denken
willentlich
willenlos
zwanghaft

zermürbend
schmerzhaft
bohrend
sinnieren

schlaflos
grübeln
sehnen
drängen

zweifeln

Wiedergefunden

Du, Liebste mein.
Ich sah Dich nicht mehr,
ich dachte nicht mehr an Dich.

Du, Liebste, mein.
Du gingst vorüber,
es war um mich geschehen.

Du, Liebste, mein.
Wir denken wieder aneinander
wir fühlen wieder zueinander.

Du, Liebste, mein.
Wir sehen uns wieder,
ich will Dich nicht mehr missen!

Spiegelbilder

Stundenlang irrten sie herum: querfeldein, an Wiesen und Äckern vorbei, über plätschernde Bäche hinweg und durch unwegsame Waldstücke. Am Fuß des Berges schließlich fanden sie den Weg wieder. Mittlerweile war es Nacht geworden. Sterne funkelten am Himmel und der Mond beschien die karge, felsige Gebirgslandschaft, tauchte alles in ein fahles, fast gespenstisch wirkendes Licht.

„Mensch, Rainer! Wir wären längst auf 'Bergeshöh', hätten wir uns nicht, trotz Karte, so oft verlaufen", maulte einer der Wanderer.

„Meinst du, das ist noch keinem passiert? Vielleicht haben sie es nur niemandem eingestanden. Nicht immer gelingt alles so, wie man es sich vorstellt."

Der zweite Wanderer klopfte Ersterem aufmunternd auf die Schulter und dachte, dass sie beide, für Zwillingsbrüder, viel zu verschieden wären:

Äußerlich glichen sie sich zwar wie 'ein Ei dem anderen', waren beide groß und kräftig, hatten dieselben Gesichtsmerkmale und trugen Brillen. In ihrem Wesen jedoch, unterschieden sie sich wie 'Tag und Nacht'. Michael war ängstlich und unsicher, oft ungeduldig, unbeherrscht und zweifelte an diesem und jenem.

Rainer zeigte sich überwiegend ruhig, besonnen und zuversichtlich. Er nahm alles locker und gelassen auf.

Dunkle, tiefhängende Wolken waren aufgezogen. Sie verdichteten sich zunehmend, verdeckten den Mond und, wie aus heiterem Himmel blies den beiden ein kräftiger, kalter Wind um die Ohren, der schnell bis zur Orkanstärke anwuchs. Jäh zuckten grelle, bläulichweiße Blitze durch die dahin jagenden Wolkenberge und spiegelten sich in den Brillengläsern der Brüder. Ohrenbetäubende Donnerschläge brachen sich mehrfach an den zerklüfteten Felswänden und ließen die Wanderer jedesmal bis ins Mark erschüttern. Fest in ihre Mäntel vermummt, die Kapuzen tief in ihre Stirn gezogen, mit nach vorn gebeugtem Oberkörper und schleppendem Schritt kämpften sie mühsam gegen den Sturm an. Peitschenartig auf sie einprasselnde, erbsengroße Regentropfen und eisige Hagelkörner erschwerten es ihnen zusätzlich, vorwärts zu kommen. Im Nu hatte sich der Weg in eine schlammige und glitschige Rutschbahn verwandelt. Dicht nebeneinander folgten sie langsam und unermüdlich dem schmalen, stetig ansteigenden Pfad. Michael hielt sich sicherheitshalber rechts, am Hang, sein Bruder hingegen, unbekümmert links von ihm, gefährlich nah am Abgrund.

„Dieses Sauwetter", schimpfte Michael. „Ich hab es bald satt!"

„Lass dich doch nicht entmutigen. Wir sind auf dem richtigen Weg. Was willst du mehr? Auf Regen folgt auch wieder Sonnensch ... Scheibenkleister!"

Rainer war gestolpert. Wild ruderte er mit den Armen und versuchte das Gleichgewicht zu halten, vergeblich! Mit vor Schreck weit aufgerissenen Augen und einem Entsetzensschrei auf den Lippen, stürzte er auf den glatten Boden und rutschte unaufhaltsam der Schlucht entgegen...

'Jetzt seh ich 'Bergeshöh' doch nicht mehr', dachte er, 'wie konnte ich auch nur so leichtsinnig sein?!'

Sollte er, der seinem Bruder stets gut zuredete wenn dieser verzagte, sich etwa jetzt, im Angesicht des Todes, mit einem lockeren Spruch wie: 'Keine Angst Rainer, noch ist nicht aller Tage Abend!' selbst Mut machen? Was nutzte es ihm, allem ruhig und gelassen entgegen zu sehen, wenn er jeden Moment in die Tiefe fiel und unten kläglich zerschmetterte? War er etwa, so wie er sich nach außen hin gab, gar nicht er selbst? Verbarg sich in ihm ein ganz anderer?

Unsagbare Angst kroch in ihm hoch. 'Alles aus und vorbei...' Schicksalsergeben schloss Rainer die Augen.

Ganz unvermittelt fühlte er sich von starken Händen ergriffen, die seinen Körper eisern und unerbittlich umklammerten.

„Michael? Du? Aber ich dachte..."

Als Michael gesehen hatte, in welcher Gefahr sein Bruder schwebte, verließ er seinen Platz am Hang, ohne wie sonst, ärgerlich oder wütend zu werden, wenn etwas schief lief. Ohne nachzudenken, warf er sich in den Matsch, schlang seine Arme um Rainer und bewahrte ihn vor dem sicheren Tod!

Schlamm verschmutzt, aber glücklicherweise unverletzt, erhoben sie sich, standen sich lächelnd gegenüber und sahen sich unverwandt an. Sie blickten wie in einen Spiegel:

Der Bruder erkannte sich im Bruder wieder!

Wortlos reichten sie sich die Hände. Sie wussten jetzt: gemeinsam würden sie ihr Ziel erreichen.

Fluchtversuch

Schlaglöcher und Geröll zierten den Weg. Weit und breit kein Haus, kein Baum und kein Strauch. Unbarmherzig brannte sie herab und trieb uns das Wasser aus den Poren. Nur langsam kamen wir voran.

„Ich hab' Durst!" rief Tommi heiser.

Wir hielten an. Ich kramte im Rucksack und reichte Tommi die Trinkflasche. Er war ein tapferer Kerl. Ohne zu murren oder zu klagen, widerstand er den Strapazen. Erfrischt radelten wir weiter.

„Onkel Rainer, können wir nicht schneller fahren?" Tommi sah mich mit großen Augen an.

„Schneller? Warum, wir haben doch Zeit!"

„Schneller ... wegen ihr!" Tommi zeigte nach oben.

„Du kannst nicht schneller sein als sie, Tommi!"

„Wieso nicht, sie bewegt sich doch nicht!"

„Das erscheint dir nur so, Tommi. Sie folgt dir unmerklich. Du schaffst es höchstens mit einem..."

„Flugzeug, Onkel Rainer?"

„Ja, Tommi. Mit einem Flugzeug!" Ich wischte mir den Schweiß von der Stirn.

Der Pfad schlängelte sich an einer Weide entlang. Unweit sahen wir eine leere Pferdebox. Wir ließen unsere Räder fallen, kletterten über den

Zaun und warfen uns ermattet unter das schützende Dach. Wie ausgehungert fielen wir über unseren Essensvorrat her.

„Endlich im Schatten!" stöhnte Tommi und nahm sich einen Apfel.

„Schatten suchen ist eine Möglichkeit, ihr auszuweichen." Ich biss in ein Käsebrötchen.

„Oder", Tommi gähnte, „sie versteckt sich hinter den Wolken..." Müde streckte er sich auf dem weichen Boden aus.

*

Die Straße war uneben und steinig. Schrebergärten und einzelne Häuser tauchten auf. Sie war weiter gezogen und ein kühler Wind umwehte uns.

„Onkel Rainer, können wir nicht schneller fahren?" Tommi sah mich mit großen Augen an.

„Warum schneller?" wunderte ich mich.

„Ich friere...", Tommi zitterte am ganzen Leib, „vielleicht holen wir sie noch ein!"

„Sie einholen? Ach so ... du kannst sie nicht einholen, Tommi, höchstens mit ..."

„...einem Flugzeug, Onkel Rainer?"

Ungeschminkt

„Guten Abend, liebe Zuhörer und Zuhörerinnen. Sie hören Radio 'Modern Talk'. In der heutigen Ausgabe von 'Kunst und Leben', möchte ich Ihnen eine junge Dame vorstellen, ihres Zeichens Künstlerin, die in der Kunstszene für Furore gesorgt hat. Frau Penelope Wollang, Ihre Gemälde bestechen durch einfache Strukturen. Sie besitzen eine beruhigende Ausstrahlung, die sich nachhaltig auf den Betrachter überträgt."

„Ja, ich finde, viele malen zu verkrampft, sie planen schon vorher wie das Bild im Endeffekt aussehen soll. Das kann sich ungünstig auf Konturen und Farbkompositionen auswirken. Ich versuche zwanglos zu malen, ja fast spielerisch aus dem Augenblick heraus, ohne ein bestimmtes Ergebnis erzielen zu wollen. Hinterher bin ich selbst überrascht, was dabei heraus gekommen ist."

„Wollten Sie schon immer Malerin werden?"

„Ich wuchs mit drei älteren Brüdern auf. Meine Mutter, eine bekannte Schauspielerin, nahm mich oft beiseite und sagte: 'Penny, du bist etwas ganz Besonderes!' Das hat mich, glaub' ich, geprägt. Nach Mutters Tod wollte ich unbedingt in ihre Fußstapfen treten. Gegen den Willen meines Vaters brach ich das Gymnasium nach der Mittleren Reife ab und machte eine Model-Ausbildung. Mit allen Mitteln strebte ich nach Ruhm: Nur um eine Statistenrolle beim Film zu bekommen, heiratete ich einen Schauspieler. Als jedoch die langersehnte Anerkennung ausblieb, ließ ich mich wieder scheiden."

„Befürchten Sie nicht, dass Ihnen Nachteile entstehen könnten, hier so offen über Ihren Werdegang zu sprechen?"

„Nein, ich habe gelernt, dass man mit Offenheit und Ehrlichkeit besser fährt. Der Weg nach 'oben' war auch an mir nicht spurlos vorüber gegangen. Geschickt verbarg ich meine Angst, eventuell auf dem Laufsteg nicht bestehen zu können. Zunehmend verfiel ich dem Schlankheitswahn. Ein langjähriger Freund, mein jetziger Mann, riet mir, eine Therapie zu machen. Und in deren Verlauf, entdeckte ich meine Neigung zur Kreativität. Ich sah darin die Möglichkeit, Unterbewusstes zu Tage zu fördern und unbewältigte Probleme im Nachhinein zu verarbeiten. Dabei wurde mir klar: Ich hatte von klein auf etwas werden wollen, was ich nie hätte sein können. Und in der Ferne hatte ich gesucht, was sich schon immer in meiner Nähe befand ... tief in mir!"

„Und letztendlich sind Sie doch noch berühmt geworden..."

„Ja, aber eher ungewollt. Längst hatte ich mein Geltungsstreben über Bord geworfen. Heute versuche ich so zu leben, wie ich male..."

„Frau Wollang, seit vier Wochen sind sie stolze Mutter. Nachträglich die allerherzlichsten Glückwünsche! Glauben Sie, dass sich Ihr Hang zur Malerei mit den wachsenden Bedürfnissen Ihres Kindes vereinbaren lässt?"

„Ja, warum nicht? Während dem Malen entspanne ich und schöpfe die nötige Kraft, um Alltag und Beruf in Einklang zu bringen. Mein gesamtes Umfeld profitiert davon. Besonders mein Baby!"

„Frau Wollang, vielen Dank für das Gespräch, ich wünsche Ihnen weiterhin viel Erfolg! Auf Wiedersehen ... so, meine Damen und Herren, Sie hörten..."

Märchenstrand

Hand in Hand standen Ella und Ali zwischen den
Dünen. Am fernen Horizont versank langsam die
Sonne im Meer. Tausendfach brach sich der
Abendhimmel in den Wellen, die auf die Küste zu
rollten. Als es dunkler wurde, schlenderten beide
Arm in Arm den Weg hinab, der sie durch die
Sandhügel zu ihrem Ferienhaus brachte. Eng um-
schlungen traten sie ein. Von ihnen unbemerkt,
huschte eine kleine Gestalt vorbei und ver-
schwand in der Dunkelheit...

*

Der Gezeitenwechsel und das rauhe Klima, hatten
an der Felsenküste entlang unzählige Einker-
bungen und Höhlen entstehen lassen. Schon oft
hatte zwielichtiges Gesindel in ihnen Unter-
schlupf gefunden. Wer dem Dünenweg folgte,
kam bald an einem großen Erdwall vorbei, der
zur See hin steil anstieg. Mehrere, teilweise ver-
schüttete Gänge führten hinein.
Tief im Innern des Hügels, bot sich in dieser
Nacht eine bizarre Szenerie:
Kurzbeinige, bucklige Geschöpfe in Seemanns-
kleidung und mit bunten Mützen auf dem Kopf,

wuselten hin und her. Einer, wahrscheinlich der Anführer, fuchtelte gebieterisch mit seinen kurzen Armen herum. Mürrisch hackten die anderen mit Pickeln den harten Felsboden auf oder trugen schwere Gesteinsbrocken in Nebenstollen. Aus einer dieser Röhren purzelte plötzlich ein kleiner Kerl und landete vor den Füßen des Obergnoms, „Potztausend!" rief dieser herrisch. „Da bist du ja endlich! Sprich, oder ich..."

„Es ist soweit", wimmerte das Männlein, „die Menschen ... sie sind da..."

*

Nebeneinander lagen sie am Strand. Ein kühles Lüftchen strich beständig über sie hinweg. Ella cremte sich ein und sah zu Ali, der friedlich döste. Sie mochte seinen muskulösen Körper, seine weiche Haut, seine feinen Züge. Vorsichtig beugte sie sich über ihn und küsste seine Lippen. Ali schlug die Augen auf und lächelte. „Schade", sein Blick trübte sich, „übermorgen müssen wir wieder zurück und hatten bisher noch nicht einmal richtig Zeit uns zu erholen", maulte er.

„Sei nicht ungerecht, Ali." Ella streichelte seine Brust. „So übel fand ich es nicht." Sie schmiegte sich an ihn.

„Und der Stromausfall gleich am ersten Abend?" fragte Ali. „Oder die merkwürdigen kleinen Bauarbeiter, die tagelang den Zufahrtsweg aufbuddelten?"

„Ich verstehe dich, Ali." Ella legte die Arme um ihn. „Anfangs war ich auch nicht begeistert. Als wir dann Ausflüge machten und überall auf fröhliche Menschen trafen, erschienen mir die Zwischenfälle gar nicht mehr so tragisch."

„Hast du die missglückte Busfahrt vergessen? Als der zwergenhafte Fahrer auf einmal wie vom Erdboden verschluckt schien und wir kilometerweit zurücklaufen mussten?"

„Für mich war es ein Abenteuer, Ali. Weißt du, wir erlebten etwas ... Außergewöhnliches!"

Sie ergriff Alis Hände und erhob sich. „Genug geredet", sie lachte, „komm, geh' mit schwimmen!" Ella zog ihren Bikini aus, lief durch den heißen Sand und stürzte sich in die Fluten. Ali setzte sich auf und sah ihr nach. Ihre ausgeglichene Art, allem zu begegnen, imponierte ihm. Auch war sie viel couragierter als er, obgleich ihr graziles Äußeres und ihr zartes Wesen das Gegenteil vermuten ließ.

*

Es war ihr letzter Abend. Ali ruderte und Ella lag vor ihm im Boot, den Kopf wohlig an ihn gelehnt. „Ist es nicht eine herrliche Nacht, Ali?" Ella sah träumerisch zum Sternenhimmel hinauf.

„Ja", sagte Ali, „doch..."

Das Boot ruckte plötzlich und drohte zu kentern.

Im Boden des Holzrumpfes klaffte ein faustgroßes Loch. Ali sprang entsetzt auf, deutete mit einer Hand aufs Meer hinaus und blieb wie gelähmt stehen. Ella versuchte vergeblich, das eindringende Wasser heraus zu schöpfen. „Lass uns ans Land schwimmen, Ali!" Ella kletterte über den Bootsrand. „Ali, worauf wartest du!"

„Ein Hai!" schrie Ali. „Da vorne, pass auf, Elli!"

„Ein Hai? Lass die Scherze, Ali, wir haben keine Zeit mehr! Außerdem gibt es doch hier in diesen Gewässern keine Haie!" Leicht verärgert und ohne Alis Warnung zu beachten, schwamm sie dem Ufer entgegen...

*

„...der Hai war wie weggezaubert, verstehst du Ella?" Ali zitterte und zog das Laken höher. Ella schien ihn nicht zu hören. Sie blätterte in einem Buch. „Was liest du, Ella?" fragte Ali. Wortlos reichte sie ihm das Buch.

'SAGEN UND MÄRCHEN' stand in riesigen Lettern auf dem Einband. Neugierig schlug Ali die erste Seite auf und las:

„Einst lebte an diesem Küstenstrich ein fleißiges Zwergenvölkchen. Tagein, tagaus grub es in der Erde nach Gold und Edelsteinen. Eines Tages segelten Seeräuber daher und wollten die Bergmännchen um ihr Hab und Gut betrügen. Die Zwerge kamen aber bald dahinter und dachten sich eine furchtbare Rache aus. Es heißt, seither müssten die Piraten alle hundert Jahre umher wandeln, Bodenschätze suchen und harmlose Leute erschrecken. Der Fluch sei erst dann aufgehoben, wenn eine furchtlose Frau ... Ella, hier steht, wenn eine furchtlose Frau ... Ella?"

Ella hatte sich nahe an Ali gekuschelt und schlief bereits.

Liebeselemente

Du bist Sonne
ich wachse
und blühe, wie eine Blume.

Du bist Wind
fegst meine Sorgen hinweg
ich schwebe, wie auf Vogelschwingen.

Du bist Regen
Deine Tränen lassen mich Dir Trost spenden
oder erfüllen mein Herz mit Freude.

Du bist ein Fluss
nimmst mich gefangen, reißt mich mit Dir fort
in tiefste Tiefen der Glückseligkeit.

Du bist Erde
ich finde Ruhe,
Geborgenheit und Kraft.

Du bist Mond und Sterne
zeigst mir den Weg,
hell und klar, bis in Deine Träume.

Zusammen sind wir Feuer
ein Feuer, das nie erlischt,
wenn unsere Liebe Nahrung findet.

Zweisam

Dich berühren
meine Gedanken
meine Blicke
dich umgeben
reich.

Dich berühren
meine Hände
meine Finger
streicheln Deine Haut
zartweich.

Dich berühren
meine Lippen
meine Zunge
lassen Dich erzittern
sehr.

Dich berühren
Dich umfassen
von Dir zu lassen
das fällt mir
schwer.

Dir ganz nah

An Dich denken
voller Sehnsucht
voll Verlangen
ohne Bangen
in die Zukunft schaun.

An Dich denken
voller Lust
voll von Freude
nicht nur heute
Dir ganz nah zu sein.

An Dich denken
voller Wärme
voll von Wonne
lässt die Sonne
auch des Nachts aufgehn.

An Dich denken
Deine Augen
Deinen Mund
gibt mir Grund
Dich vor mir zu sehn.

An Dich denken
Deine Liebe
Deine Zärtlichkeit
und Herzlichkeit
lassen mich aufblühn.

An Dich denken
Deinen Körper
Dein Anschmiegen
in Deinen Armen liegen
heißt: geborgen sein!

Angeprangert

„...liebe Nachbarn und Nachbarinnen, bevor ich die Sitzung beschließe", Grimsky wischte sich den Schweiß von der Stirn, „möchte ich mich für euer Vertrauen bedanken."

Grimsky wandte sich seinem Schriftführer Fiebig zu, der ihm ein Zeichen gegeben hatte, und unterhielt sich angeregt mit ihm.

Die Bürger der Reihenhaussiedlung 'Am Stadtwald', hockten in kleinen Gruppen beisammen: Pfennigs mit den Protzigs, Kramers mit den Schmitts und Krauskopfs mit den Schimmels. Nach dem offiziellen Teil des Abends, widmeten sie sich den reichlich dargebotenen Speisen und Getränken und hatten endlich einmal wieder Gelegenheit, ausgiebig zu tratschen.

Grimsky, der frisch gewählte Vorsitzende des Bürgervereins, trat vor das Podium und versuchte sich Gehör zu verschaffen. Keiner beachtete den kleinen, dickbäuchigen Redner. Als er seinem Begehren Nachdruck verlieh, ließen die Leute ärgerlich ihre Gläser und Gabeln sinken und starrten zu ihm hinauf.

„Mir ist etwas zu Ohren gekommen", begann Grimsky, „eine Sache von unabsehbarer Tragweite: Verrat! Verrat an unserer Gemeinschaft!"

Die bislang eher gelangweilte Gesellschaft war plötzlich Feuer und Flamme. „Wer, wer", riefen alle durcheinander, „wer wagt es uns zu schaden?"

„Menschen aus unserer Mitte! Siedler wie wir!"

„Rück schon raus mit der Sprache, Grimsky!"

„Beusenbergs!" schmetterte Grimsky in den Saal.

„Beusenbergs?" rief es aus vielen Kehlen.

„Ja, Beusenbergs!" kreischte Grimsky. „Wie lautet unser Motto?"

„Alle für einen und einer für alle!" riefen alle wie einer.

„Stimmt!" Grimsky lief auf und ab. „Seit der Gründung unseres Vereins sind wir fest zusammen gewachsen..." Sein Blick blieb an Klump, dem Maurer, hängen. „Wie war es bei dir, Hans, als deine Frau dich verließ?"

„Der Männerkreis hat sich meiner angenommen!" erwiderte Klump mit stolz geschwellter Brust.

„Und wer half Oma Kramer, als ihr beim Stricken zwei Maschen runtergefallen waren?" Grimsky strahlte.

„Unsere Strickrunde!" jubelte die Menge.

„Richtig! Ob im Garten-Club, Spiele-Zirkel oder in der Nachbar-Hilfe: Alle machen mit ... alle außer Beusenbergs!"

„Unerhört!" Protzig knallte sein Bierglas auf den Tisch.

„Allein schon der Name...", sagte Pfennig der Kioskbesitzer angewidert.

„Unsympathisch!" pflichtete ihm Frau Protzig bei.

„Samstags kehren sie nie den Gehsteig!" sagte Herr Schimmel.

„Ihre Fenster sind so dreckig, dass man nicht mehr durchsehen kann!" ereiferte sich seine Frau.

„Und im Sommer oder bei schönem Wetter", wusste Krauskopf, der bei den Stadtwerken arbeitete, „sitzen sie faul im Garten und merkwürdig ist", er tat geheimnisvoll, „ihre Liegestühle stehen dicht beisammen, so dicht, dass sich die Armlehnen berühren..."

Offenen Mundes standen die Leute da. Grimsky bemühte sich, den Faden wieder aufzunehmen und schrie: „Dürfen wir den Beusenbergs das durchgehen lassen?"

„Nein!" rief es im Chor, und jeder ließ seiner Empörung freien Lauf.

Indessen war es den Wirtsleuten Gebert, die dem Bürgerverein den Saal vermietet hatten, bang und bänger geworden. Heimlich hatten sie sich hinaus geschlichen und berieten, was zu tun war.

„Jetzt kann nur noch einer helfen", sagte die Wirtin, „unser Theo!"

Theo Leidenbring, der Gemeindepfarrer, war bekannt für seine ungewöhnlichen, aber sicheren Methoden, Streitereien in der Bevölkerung zu schlichten. Noch bevor der Mob mit Stuhlbeinen, Flaschen und Spazierstöcken bewaffnet den Saal verlassen konnte, war Theo zur Stelle und versperrte ihm den Weg. Zunächst erschraken die Leute, den langbärtigen Kuttenträger so plötzlich vor sich zu haben. Als ihnen jedoch klar wurde, dass sie viele waren, er alleine, schoben sie ihre Bedenken beiseite.

„Misch dich nicht ein, Pfaffe!" rief Protzig wütend. „Geh aus dem Weg oder..."

„Verprügelst du noch deine Frau?" unterbrach ihn der Pfarrer schnell und Protzig blieben die Worte im Hals stecken. „Und du Pfennig", Theo fixierte ihn streng, „hast du immer noch überhöhte Preise?"

Pfennig wurde kreidebleich.

„Und habt ihr gewusst", flüsterte Theo, „Schimmel trägt wochenlang die gleichen Socken!"

Keiner entging dem strafenden Blick des Pfarrers. Wie begossene Pudel standen sie vor ihm und ein 'Schlagwerkzeug' nach dem anderen fiel polternd zu Boden. Nur Grimsky versuchte immer wieder das Feuer zu schüren. Doch niemand hörte mehr auf ihn.

Hommage

„Hey Klaus, gehst du mit zum 'Fauler See'?"

„Nee, Jürgen. Kann nicht. Ich muss zu meinem Klassenlehrer Borschel. Wir wollen über die bevorstehende Demo sprechen, weißt du, die, gegen die drohende Verschlechterung der Bildungssituation. Die ganze 'MOS' will doch mitmarschieren!"

„Logisch, weiß ich! Aber sag' mal, der Borschel, ist das nicht der Oberstudienrat mit den biederen Klamotten?"

„Ja, er trägt stets Anzug und Krawatte!"

„Der ist ja komisch drauf! Läuft immer mit gesenktem Kopf herum. Neulich, auf dem Flur, hat er mich fast umgerannt!"

„Das hat nichts zu sagen. Er denkt, wo er geht und steht!"

„Aber viele scheinen ihn nicht zu mögen. Sie tuscheln hinter seinem Rücken und verspotten ihn!"

„Ach, die sind nur neidisch, weil er anders ist als sie. Nicht das Äußere eines Menschen zählt, sondern seine inneren Werte. Und vor allem, wie er handelt! Kennst du den Spruch: 'Nicht für die Schule, sondern..."

„... für das Leben lernen wir.' Wer kennt den nicht. Damit wollen sie uns immer zum Lernen bringen!"

„Ja, aber der stimmt doch schon lange nicht mehr. Glaubst du, dass wir in der Schule lernen, was wir für's Leben brauchen? Erst im Leben selbst lernt man zu leben! Und weiß ein Lehrer, wie es uns außerhalb der 'Penne' ergeht? Keiner ... außer vielleicht Borschel!"

„Was, der Borschel, wieso gerade der?"

„Ja weißt du, Borschel zieht nicht nur einfach seinen Stoff durch und fertig, ihn interessiert auch, was in uns vorgeht und versucht uns mit Rat und Tat beiseite zu stehen!"

„Du meinst, er hilft euch, wenn ihr in Schwierigkeiten seid?"

„Ja, das auch. Und er geht anders mit uns um. Wir spüren, dass wir ihm nicht egal sind. Er schafft es, uns zu begeistern und anzuspornen. Früher hatte ich in 'Mathe' viel schlechtere Zensuren, als jetzt. Wenn von uns einer was nicht kapiert, kümmert sich Borschel um ihn und bringt es ihm ruhig und beharrlich bei. Glaub' mir: Keinen von uns würde er hängen lassen! Einmal hat er mir sogar geholfen, als ich 'Stress' mit meiner Freundin hatte!"

„Und ich dachte immer, er wäre mit Vorsicht zu genießen."

„Weit gefehlt! Wir haben schon einiges mit ihm unternommen. Auch privat. Und weißt du, Borschel hat die größte Büchersammlung, die ich je gesehen habe: Lauter alte und seltene Werke der Naturwissenschaft!"

„Woher weißt du denn das schon wieder?"

„Wir sind ein paarmal bei ihm gewesen. Er lebt bescheiden in einer Zwei-Zimmer-Küche-Bad-Wohnung. Nicht mal einen Fernseher hat er, nur ein Aquarium. Und das Dollste: Von seinem Balkon aus, sieht man direkt auf das Schloss Bellevue und die Siegessäule!"

„Wahnsinn: ein Oberstudienrat, der sich für die Schüler einsetzt!"

„Weißt du was, Jürgen? Komm doch einfach mit zu Borschel. Es ist nicht weit: die Lessingstraße hoch, dann auf die 'Flens' und schon sind wir da."

„Meinst du wirklich, Klaus? Ich gehör' doch gar nicht zu eurer Gruppe..."

„Ach was, Borschel hat bestimmt nichts dagegen, wir brauchen sowieso jeden Mann, um uns auf die Demo vorzubereiten!"

In einer Nacht wie dieser

Seit dem frühen Abend saßen wir am Lagerfeuer und erzählten uns reihum Geschichten. Immer wenn Herr Weiding das Wort ergriff, lauschten wir hingebungsvoll. Zu fortgeschrittener Stunde jedoch, kam eine nachdenkliche Stimmung auf.

„Die kleinste Begebenheit", unterbrach Weiding die Stille, in der nur das Prasseln des Feuers zu hören gewesen war, „kann unser Leben zerstören oder ihm eine andere Richtung geben. Vor Jahren musste ich, mussten mein Bruder ... Henning und seine Frau Ursula ... eine solche Erfahrung machen..." Weiding stocherte mit einem Stock in der Glut, Funken stoben nach allen Seiten.

„Eines Tages", fuhr er fort, „waren sie zur falschen Zeit am falschen Ort und von jetzt auf nachher war alles anders..."

„Was ist passiert?" riefen wir neugierig.

„Es war eine warme Sommernacht. So wie heute. Henning und Ursula befanden sich auf dem Rückweg von einem Ausflug und kamen auch hier durch diese Gegend." Weiding beschrieb mit dem Arm einen großen Bogen. „Unten, da wo jetzt unsere Fahrräder stehen, blieb ihr Auto liegen. Alle Versuche, es wieder flott zu kriegen, schlugen fehl. Sie dachten schon, im Freien über-

nachten zu müssen, als sie unweit auf dieser An-
höhe, die Umrisse eines Gebäudes wahrnahmen.
Nun, während Ursula im Wagen wartete, machte
sich Henning auf den Weg hinauf."
„Aber hier ist doch gar kein Haus!" riefen wir.
„Nicht mehr...", sagte Weiding traurig. „Jeden-
falls, nicht lange danach, gellte ein Schrei durch
die Nacht. Soeben war der Mond hinter den
Wolken hervorgetreten und Ursula sah eine
schemenhafte Gestalt den Berg hinab, auf sich zu
rennen. Dicht vor ihr machte sie halt. Es war ...
Henning! Ursula erschrak: Seine Wangen waren
blass und eingefallen, die sonst lustigen Augen
lagen tief und leblos in den Höhlen und sein zu-
vor sorgsam gekämmtes Haar stand struppig nach
allen Seiten weg. Wer Henning kannte, wusste,
dass ihn nichts und niemand so leicht aus der
Fassung bringen konnte. Jetzt war er keines
klaren Gedankens fähig und Ursula brauchte eine
Weile, bis sie herausgefunden hatte, was gesche-
hen war." Weiding hielt inne und rieb sich die
Augen. Währendessen zappelten wir unruhig auf
unseren Plätzen.
„Wie ihr wisst", fuhr Weiding fort, „wollte Hen-
ning Hilfe holen. Als er auf halber Höhe des
Hügels war, verfinsterte sich der Mond und
Henning musste sich nahezu blind vorwärts tas-
ten. Plötzlich ... stieß er an ein Hindernis. Mit den
Händen strich er die scheinbar hölzerne Fassade

des Hauses entlang und als er glaubte, den Eingang vor sich zu haben, hämmerte er mit den Fäusten dagegen. Dumpf hallten die Schläge wider.

'Hallo, ist jemand zu Hause?' rief er. 'Halloo...!'

Henning wollte schon aufgeben, als er schlurfende Schritte vernahm, die aus dem Haus zu kommen schienen.

'Ja, ja', krächzte eine Stimme, 'ich bin ja gleich da, nur Geduld!'

Spaltbreit ging die Tür auf. Muffiger Geruch drang aus der Öffnung. Vor Henning stand ein alter Mann, der mit zittrigen Fingern eine Kerze hielt.

'Was wollen sie noch so spät?' fragte der Alte und musterte Hans abschätzend.

'Tut mir leid, Sie zu stören', sagte Henning. 'Meine Frau und ich haben eine Panne. Könnte ich mal telefonieren?'

'Wenn es sein muss, kommen Sie herein!' sagte der Alte. 'Aber beeilen Sie sich', brummte er, 'meine Frau liegt krank zu Bett und ist auf meine Hilfe angewiesen!'

Als die Tür hinter Henning zugefallen war, umgab ihn eine beklemmende Düsternis. Wenige Kerzen waren aufgestellt und in ihrem schwachen Schein sah Henning allerlei Unrat aufgeschichtet. Nur eine schmale Gasse blieb frei und führte in die gruftähnliche Behausung hinein.

'Passen Sie auf, es ist etwas unordentlich!' sagte der Alte.

Während er sicher vorausging, konnte Henning ihm nur mühsam folgen. Beißender Gestank raubte ihm den Atem. Lästige Fliegen umschwirrten ihn. Wild fuchtelte Henning mit den Armen, um das Ungeziefer zu vertreiben. Dabei strauchelte er und landete unsanft auf dem Boden. Seltsame Wesen trappelten eilig über ihn hinweg und ritzten schmerzhaft seine Haut.

'Verdammt!' rief Henning. 'Was war denn das?'

'Hatte ich Ihnen nicht geraten vorsichtig zu sein?' sagte der Alte vorwurfsvoll. 'Das waren Ratten!' fügte er hinzu.

'Ratten?' Henning sprang auf die Füße. 'Pfui Teufel!' Er schüttelte sich. 'Mir reicht es jetzt, wo ist denn das Telefon?'

'Hm...', sagte der Alte und kratzte sich am Kopf. 'Das hat lange nicht geläutet...'

Der Raum, den sie betraten, war ebenfalls nur spärlich beleuchtet. Essensreste schimmelten vor sich hin, Geschirr türmte sich zur Decke. Blank geleckte Knochen lugten zwischen allem möglichen Abfall hervor. Fette Ratten stoben von einer Ecke in die andere und stritten sich lautstark um die besten Happen. Als der Alte das Telefon gefunden hatte, stellte er fest, dass die Schnur durchgenagt worden war.

'Diese miesen Viecher!' rief Henning. 'Jetzt hält mich hier nichts mehr!' Bevor er sich jedoch von dem Alten verabschieden konnte, schallte ein markerschütternder Schrei durch das Haus.

'Um Gottes Willen, meine Frau...!' rief der Alte sorgenvoll.

Als sie das Krankenlager erreichten, wimmelte es von Ratten. Während der Alte sich um Henning gekümmert hatte, waren die Ratten über seine wehrlos im Bett liegende Frau hergefallen. Messerscharfe Zähne gruben sich tief in ihr Fleisch. Stück für Stück bissen die Ratten ihr aus dem Leib. Henning ... stand wie versteinert. Dann floh er Hals über Kopf!" Weiding stockte und wir nutzten die Pause, ihn mit zahllosen Fragen zu bestürmen.

„Was war mit dem Haus...? Wie ist es mit Ihrem Bruder weitergegangen und wie hat Ursula...?"

„Nun", unterbrach er uns und seufzte schwer. „Nachdem Ursula wusste, was Henning zugestoßen war, wollte sie den beiden Alten unbedingt helfen. Henning ... konnte es ihr nicht ausreden, denn er war immer noch nicht richtig bei sich. Kaum war sie oben im Haus angelangt", Weiding schneuzte in sein Taschentuch, „als der 'Plunder' hinter ihr plötzlich Feuer fing. Rasend schnell breiteten sich die Flammen aus und Ursula..." Weiding schluchzte, „Ursula hatte keine Chance. Henning ... wurde erst Tage später zufällig von Ausflüglern aufgefunden. Völlig apathisch und halb verdurstet saß er im Trümmerfeld. Bis heute", Weiding senkte den Blick, „ja, bis zum heutigen Tag, hat er kein Wort darüber gesprochen..."

*

Weiding hatte sich längst in sein Ein-Mann-Zelt zurückgezogen, als uns sein letzter Satz immer noch in den Ohren nachklang. Wir waren alle ziemlich geschockt. Nicht weil er schlafen gegangen war, nein, wegen des schrecklichen Verlaufs seiner Geschichte. Darauf waren wir nicht gefasst gewesen. Und der letzte Satz war zudem noch sehr rätselhaft. Weiding hatte uns ganz schön verwirrt zurückgelassen!
Bevor wir jedoch auch in unsere Schlafsäcke krochen, wollten wir unbedingt hinter das Rätsel kommen. Weiding schlief bereits, sein Schnarchen war nicht zu überhören. Ihn konnten wir nicht befragen.
„Das brauchen wir auch nicht," sagte ich, denn ich glaubte die Lösung bereits zu kennen. Um es den anderen aber nicht zu einfach zu machen, wollte ich mit ihnen ein Frage-Antwort-Spiel veranstalten.

„Zunächst müssen wir einiges klarstellen", sagte ich. „Kennt ihr Weidings Vornamen?"

„Nein, er hat sich nur mit seinem Nachnamen vorgestellt!"

„Gut. Wie war der genaue Wortlaut des letzten Satzes?"

„Er hat gesagt: 'Bis zum heutigen Tag hätte sein Bruder kein Wort darüber gesprochen'."

„Er sagte also nicht: 'er sprach kein Wort mehr darüber'?"

„Nein!"

„Ich glaube, wir müssen daher die Worte 'heute' und 'Tag' in unsere Überlegungen mit einbeziehen."

„Warum?"

„Das werdet ihr gleich erfahren ... also: wer hat uns wann die ganze Geschichte erzählt?"

„Blöde Frage!"

„Natürlich Weiding!"

„Ja, Weiding, heute Abend!"

„Wie konnte uns Weiding das Erlebnis Hennings erzählen, wenn Henning bisher kein Wort darüber verloren hat?"

„Vielleicht hat er hellseherische Fähigkeiten!"

„Weiding ist Hennings Zwillingsbruder!"

„Keine Ahnung!"

„Woher will Weiding wissen, dass Henning kein Wort darüber gesprochen hat? Er müsste Tag und

96

Nacht, jede Minute, jede Sekunde bei ihm gewesen sein. Wie kann er es dann behaupten?"

Achselzucken.

Schweigen.

Ratlosigkeit.

Kopfschütteln.

„Ich glaube, mit derart Fragen komme ich nicht weiter. Nochmal von Vorne. Was haben wir bisher herausgefunden:

Wir kennen Weidings Vornamen nicht. Weiding hat uns die Geschichte nicht tagsüber, sondern abends erzählt. Er kennt seines Bruders Erlebnis bis ins kleinste Detail. Henning hat bis zum heutigen Tag nicht darüber gesprochen. Nun, wer weiss mit Sicherheit, dass Henning nie darüber sprach?"

„Weiding nicht!"

„Keiner!"

„Henning, ja, Henning muss es doch wissen!"

„Ja, und wer kann dann jede Einzelheit kennen?"

„Weiding nicht, er hat die Geschichte nicht erlebt, nur Henning selbst!"

*

Nachdem allen klar zu sein schien, wer sich in Wirklichkeit hinter Weiding verbarg, redeten alle wild durcheinander.

„Das hätte ich nicht gedacht!"

„Na sowas..."

„Ja, aber wenn Weiding Henning ist", sagte einer, „warum hat er sich für seinen Bruder ausgegeben?"

„Stimmt!" sagte ein anderer. „Und wieso ist er an den Ort des Schreckens zurückgekehrt?"

„Ich würde mich, glaube ich, nicht nochmal zu der Stelle begeben wollen, an dem ich einmal so etwas Entsetzliches erlebt hätte..."

„Warum nicht?" ertönte eine Stimme hinter uns. Erschrocken fuhren wir herum. Vor uns stand Weiding, der sich verschlafen die Augen rieb. Weiding hatten wir ganz vergessen! Wir waren zum Schluss unserer Ausführungen über dessen letzten rätselhaften Satz wohl doch zu laut geworden und Weiding war davon aufgewacht.

„Kommt, setzt euch zu mir", sagte Weiding leise. „Da ihr ja schon fast alles wisst, könnt ihr auch den Rest erfahren:

Als ich damals, es sind jetzt genau auf den Tag zehn Jahre vergangen, von Ausflüglern gefunden wurde, stand ich unter einem schweren Schock. Ich war nicht in der Lage auch nur ein Wort über das Geschehene hervorzubringen. Über Alltägliches konnte ich reden; doch sobald das Gespräch auf Ursula's Tod oder auf unsere damalige Auto-Panne gelenkt wurde, verstummte ich. Irgendwann hörte ich von einer Behandlungsart, die man Schock-Therapie nennt und dass auf diesem Gebiet schon wesentliche Erfolge erzielt worden waren. Ich beschaffte mir Informationsmaterial ... und als ich dann in eurem Zeitungsinserat las, dass ihr eine Radtour organisieren wolltet, die gerade eben durch dieses Gebiet hier führen sollte, sprang ich über meinen eigenen Schatten und schloss mich eurer Gruppe an. Ihr könnt euch nicht vorstellen, was es heißt, so ein schreckliches Erlebnis Tag für Tag, jahrein, jahraus mit sich herum zu schleppen! Ich hoffte jetzt, endlich, vor Ort, wo einst alles geschah ... darüber hinweg-zukommen. Als wir dann abends am Lagerfeuer saßen, ja, da stimmte alles haargenau mit damals überein: Die warme Sommernacht. Der Hügel. Das prasselnde Feuer. Die Erinnerung an das Geschehen war allgegenwärtig. Wie ein Film spulte es sich immer wieder vor meinem inneren Auge ab. Der Druck der auf mir lastete wurde immer größer. Ich musste, wollte ihn loswerden! Doch wie sollte ich beginnen? Es war schwer, die richtigen Worte zu finden. Schließlich erzählte ich die Geschichte aus dem Blickwinkel des angeblichen Bruders. So fiel es mir leichter... .''

Die Blockade des Ägidius Neumann

Der Tag hatte böse angefangen. Schon am frühen Morgen hatte nichts geklappt. Manchmal wird ein Tag, der schlecht begonnen hat, im Lauf der Stunden noch ganz erträglich. Diesmal aber wurde es immer schlimmer. Der Abend schließlich versprach alles in den Schatten zu stellen. Und er stellte alles in den Schatten! Alles was Ägidius Neumann je erlebt hatte verblasste daneben!

Ägidius, von seinen Freunden Eggi genannt, verdiente sein täglich Brot durch Schreiben. Er schrieb Gedichte, Erzählungen, Biografien und Liedertexte. Aus den kleinsten Ideen zauberte er die umfangreichsten Werke und große Ideen brachte er mit einem Satz auf den Punkt. Und wenn ihm mal nichts mehr einfallen wollte, setzte er eine Annonce in die Zeitung, in der er versprach, jedem zu helfen, der sich beim Schreiben schwer tat. Die Leute strömten zu ihm, erzählten ihre Erlebnisse und Kümmernisse und Eggi gelang es immer, lesbare Geschichten daraus zu machen. Eines Tages bekam er wieder einen Auftrag. Ein Nachbar war durch einen mysteriösen Wasserrohrbruch von heut auf morgen obdachlos geworden. Eggi sollte die Sache an die Öffentlichkeit bringen. Dank seiner Beziehungen fand er schnell einen Verlag. Eggi hatte vier Wochen Zeit, das Manuskript abzuliefern und machte sich sogleich an die Arbeit. Er war voller Elan. Seine Gedanken flossen unaufhörlich und wie von selbst in seine Feder, und in nullkommanix war er fertig. Als Eggi den Text überarbeitete, kamen ihm allerdings Bedenken: Der Anfang passte nicht zum Mittelteil und die Mitte nicht zum Schluss. Er konnte es drehen und wenden wie er wollte, er war nicht zufrieden! Wohl oder übel musste er von Neuem beginnen.

Es war wie verhext! Tag für Tag wiederholte sich diese Prozedur. Eggi probierte alle schreibtechnischen Tricks und Kniffe aus. Es half nichts!

Er aß immer weniger und trank kannenweise Kaffee. Bald konnte er nicht mehr schlafen. Wie angewachsen saß er an seinem Schreibtisch. Irgendwann konnte er sich nicht mehr konzentrieren und seine Gedanken schweiften ab. Schließlich ließ er seine Geschichte achtlos in einer Ecke rumliegen. Fortan war Eggi um jede Ablenkung froh. Tagsüber telefonierte er stundenlang und des nächtens zog er um die Häuser. Er spülte, kochte und putzte, kurzgesagt: Alles was ihm normalerweise unangenehm war, machte er jetzt lieber, als zu schreiben.

Es kam wie es kommen musste: An besagtem Morgen schreckte Eggi aus seinem von Albträumen geplagten Schlaf. Sein Blick fiel auf den Kalender. Ihm wurde siedend heiß: Der Abgabetermin! Eiskalt lief es ihm den Rücken hinunter. Den Abgabetermin hatte er völlig vergessen!

Eggi rannte von einem Zimmer ins andere und raufte sich die Haare. „Unmöglich!" schrie er und stampfte mit dem Fuß. „Bis dahin schaffe ich es nicht mehr!"

Wütend auf sich und die ganze Welt, knallte er mit den Türen, wirbelte seine Schreibunterlagen umher, zerknüllte das bisher Geschriebene und riss es in tausend Fetzen.

Wer kennt das nicht: Man ist über irgend etwas erbost und läßt seinen Frust hörbar hinaus. Der Zorn verebbt nach und nach, und der Blutdruck sinkt wieder. Nicht so bei Ägidius Neumann!

Ägidius steigerte sich immer weiter in seine Wut hinein. Schließlich brach er zusammen und landete auf dem Boden. Dort lag er nun:

Zwischen zerschlagenen Möbeln, zerbrochenem Geschirr, Büchern und Zeitschriften. Wahrlich kein schöner Anblick!

Verdutzt schaute Eggi um sich. Dann fasste er sich an die Stirn und rief: „Wie konnte ich nur so dumm sein!"

Der Sturz hatte ihn, im wahrsten Sinne des Wortes, auf den Teppich zurückgeholt. Während er die Spuren seines Tobsuchtanfalls beseitigte stieg seine Stimmung beträchtlich. Und noch bevor der Tag zur Neige ging, wusste Eggi:

Er würde wieder schreiben können!

Das Ende aller Sommer

Wieder einmal saßen meine Therapeutin und ich uns gegenüber. Sie war nicht viel älter als ich, keine Claudia Schiffer, aber sie gefiel mir.
„Erzählen Sie mir bitte aus ihrer Kindheit", sagte sie, lehnte sich in ihrem Sessel zurück und schlug ihre langen, schlanken Beine übereinander.
Gebannt folgte ich ihren Bewegungen mit den Augen. „Na ja", begann ich zögernd, „so mit sechs wollte ich ständig zu meinen Großeltern auf den Bauernhof. Wir fuhren meistens im Sommer. Schnell fand ich Freunde: Ute und Bernd. Wir spielten ungezwungen; sprangen oft im Heuschober von oben hinunter ins Heu, wie Bungeejumping, wissen Sie, nur ohne Seil! In der riesigen Scheune setzten wir Seeräubergeschichten um, mit Segeln, Stürmen und Schätzen. Bernd heckte immerzu Streiche aus und ich war für jeden Spaß zu haben. In den Feldern fingen wir Maulwürfe und Mäuse oder stahlen Maiskolben. Und im Tal wohnte Ute. In der Mühle.
Das Mühlrad rotierte und der Bach rauschte wie ein Wasserfall!
Hier fühlten wir uns frei, lebendig und tobten ausgelassen umher. Wir stritten kaum, hatten keine Geheimnisse voreinander und hielten zusammen wie Pech und Schwefel.

Die Stadt ... ödete mich an! Ich mochte Ruhe, keinen Lärm; Hügel und Wälder, keine Betonklötze und stinkende Fabrikschlote!

Ich mochte das Land, vor allem ... Ute; ich war von ihr fasziniert: ihre Grübchen, wenn sie lachte; ihre leuchtenden Augen, ihr strahlendes Antlitz, ihr ganzes Wesen! Irgendwann ... sehnte ich mich nach ihr. In ihrer Nähe jedoch, blieb ich stumm; meine Gefühle verwirrten mich: Sprach Ute, stotterte, blickte sie mich an, errötete ich und schaute zur Seite."

„Vertrauten Sie sich jemandem an?"

„Nein, keinem ... nicht einmal Bernd. Er meinte plötzlich, Mädchen seien dumm und mit ihnen könne man nichts Gescheites anfangen."

„Und Sie und Ute, kamen Sie sich später näher?"

„Nein", ich senkte betrübt den Kopf, „es geschah etwas: Es war traditionell die Nacht der Dorfjugend. Wir stapften durch tiefen Schnee. Dicke Flocken umtanzten uns. Der Wind fuhr uns messerscharf um die Ohren. Ich suchte Ute's Nähe und es gelang mir, neben ihr herzugehen. Fröhlich zogen wir von Hof zu Hof. Sangen, lachten, und wo wir anklopften, ließ man uns ein. 'Prosit Neujahr!' wünschten wir, schüttelten Hände und schwatzten mit den Bauern. Sie boten Getränke an, auch alkoholische. Bernd trank reichlich, und ich wollte ihm in nichts nachstehen.

Die Wolken verzogen sich, es wurde kalt. Ich spürte es nicht: je eisiger es draußen war, um so wärmer schien mir innerlich zu werden. Die gleißende Sichel des Mondes lugte hervor und Sterne blinzelten uns zu. Ich nahm es nicht wahr: je mehr sich der Himmel aufklarte, desto trüber war mein Blick.

„Ich will nach Hause", sagte Ute, „ich friere und bin müde!" Sie zitterte wie Espenlaub.

„Wir bringen dich heim", stammelte ich und schwankte wie eine Pappel im Sturm. Torkelnd und stolpernd erreichte ich mit den anderen die Mühle.

Das Mühlrad drehte sich schwerfällig, der Bach plätscherte leise.

Ute war verschwunden. „Wo ist Ute", lallte ich. „Schlafen gegangen!" sagte irgendwer.

„Ich will zur Ute!" schrie ich, immer wieder. Unbeirrt. Dann verschwamm, zerfaserte alles vor mir, löste sich in Nebel auf...

Frierend und wie gerädert erwachte ich. Mühsam rappelte ich mich auf; wankte, wollte weg, bloß raus; tastete mich vorwärts, fand die Tür und trat hinaus: Grelles, gräßlich helles Sonnenlicht traf schmerzhaft meine Linsen. Ich schloß die Lider. Klirrende Kälte drang durch meine Kleidung. Ich erschauerte zutiefst! Wo befand ich mich? Vorsichtig stieg ich Stufe um Stufe hinab, überquerte einen Steg und erschrak: Die Mühle!

Das Mühlrad verharrte Eiszapfen behangen, der Bach ruhte eisverkrustet!

Nebenan im Schuppen hatte ich geschlafen ... Ute so nah?

Ich spähte über's Tal, den Berg hinauf: Eine Gestalt hob sich dunkel ab vom blendend weißen, unberührten Tuch, das Äcker, Wiesen und Wege unter sich begrub. Ich sog die frische, schneeig riechende und schmeckende Luft tief in meine Lungen. Es tat wohl; der Schwindel ging ... doch die Erinnerung kam!

Von der Stunde an ... traute ich mich nicht mehr, Ute zu begegnen. Ich schämte mich, im Rausch ausgeplaudert zu haben, was ich Ute selbst nie gestanden hatte. Mittlerweile wußte bestimmt jeder im Dorf, was vorgefallen war und ich dachte: 'Jetzt kann sie mich nicht mehr mögen, nach dieser Blamage, niemals!'

Fortan mied ich meine Heimat, ohne je mit Ute zu reden ... bis heute sah ich sie nicht wieder; nur in meinen Träumen..."

Wie gebannt hatte meine Therapeutin zugehört. Sie schreckte auf. „Oh, ist es schon so spät? Macht es Ihnen etwas aus, morgen noch einmal her zu kommen?"

Ich hatte nichts dagegen.

„...die Spannung steigt. Wer wird Friseur des Jahres? Wir stehen vor einem kleinen Vorstadtladen, ach, und da kommt schon eine Kundin heraus: Strahlend glänzende Augen, ein verzückt lächelnder Mund, das Gesicht wirkt entspannt, gnäd'ge Frau, Ihnen scheint es ja gut ergangen zu sein?"

„Aber natürlich, ich fühl' mich wie neugeboren! Glauben Sie mir, andere Friseure könnten sich ruhig eine Scheibe von Udo, äh Herrn Wegner, meinem Friseur, abschneiden! Kaum betritt man das Geschäft, spürt man schon den außergewöhnlichen Flair:

Man steht in einem großen, offenen, lichtdurchfluteten Raum. Gleich neben dem Eingang befindet sich ein schlichter Holz-Garderoben-Ständer; an den, von weißen Tapeten drappierten, spiegelbehangenen Wänden, harren, zu beiden Seiten, diverse Friseurstühle auf Kundschaft und hinten rechts, lässt eine gemütliche Sitzecke den Wartenden die Zeit, bis sie dran sind, im Nu vergehen. Alles ist auf das Wesentliche beschränkt! Kennen Sie den Spruch, dass man, wenn man sieht wie einer lebt oder arbeitet, weiß, wer er ist? Das trifft, finde ich, auch bei Herrn Wegner zu:

Ähnlich dem räumlichen Ambiente, ist sein Wesen. Er begrüßt jeden Kunden freundlich, hilft den Damen zuvorkommend aus dem Mantel und bietet jedem kostenlos Getränke an. Auch das Fachliche kommt nicht zu kurz. Verstehen Sie, es gibt Friseure, welche ihren Horizont, was Haare schneiden betrifft, nicht erweitern wollen. Udo hingegen berät mich nicht nur kompetent, sondern er kann sich förmlich in mich hinein versetzen, ja, er geht auf meine Wünsche ein! Am Ende eines Besuches hier, bin nicht nur ich vorzeigbar, auch der Preis kann sich sehen lassen, denn die Frisurkosten der Frauen sind denen der Männer angepasster. Alles in Allem: Hier, bei Udo, habe ich das Gefühl, als Kunde wirklich König zu sein!"

„Vielen Dank für das Gespräch, doch wir wollen uns selbst ein Bild von Ihrem Haarspezialisten verschaffen. Gehen wir einfach mal rein. So ... hm, es scheint keiner da zu sein, mit der Begrüßung hapert es auch. Nur hinten in der Ecke schwingt jemand den Besen, ob das die Putzfrau ist?"

„Putzfrau? Na hören Sie mal, ich bin das Lehrmädchen! Die kleinste Tätigkeit und wäre sie noch so gering, ist wichtig für den Gesamtablauf eines Geschäftes. Sauberkeit und Hygiene am Arbeitsplatz gehören eben dazu, oder würden Sie sich dort hinsetzen wollen, wo vor Ihnen ein anderer seine Haare gelassen hat? Ordnung halten steht übrigens an oberster Stelle im Ausbildungsprogramm meines Chefs. Ich muss zugeben, anfangs dachte ich auch: 'Der spinnt doch, lässt mich die Drecksarbeit machen!' Mittlerweile weiß ich aber, dass erst die Summe aller kleinen Dinge zur Vollkommenheit führt! Und durch den Chef habe ich gelernt, dass diese Aussage auch für andere Lebensbereiche gilt. Udo, mein Chef, kümmert sich nicht nur um die Belange seiner Lehrlinge, z.B. in der Berufsschule sondern ich kann auch mit privaten Problemen zu ihm kommen. Ich sage Ihnen: ohne ihn wäre ich garantiert immer noch arbeitslos! In der Hauptschule hatte ich ein sehr schlechtes Abschlusszeugnis und überall, wo ich mich bewarb, bekam ich nur Absagen. Und mein Chef hat mich trotz meiner 'miesen' Noten eingestellt! Wissen Sie, was er beim Vorstellungsgespräch zu mir sagte? Er meinte, er verstünde überhaupt nicht, warum mich keiner genommen hätte. Ich würde doch alles für diesen Beruf mitbringen: eine tolle Ausstrahlung, ein angenehmes Auftreten und eine schnelle Auffassungsgabe!"

„Das muss ja ein 'toller Hecht' sein, Ihr Chef, soviel Lob für ihn! Doch wo mag er nur stecken? Aaaaahh ... da steigt mir der Duft frisch aufgebrühten Kaffee's in die Nase ... folgen wir ihm nach, eine Tür, kurz mal klopfen, hallo, ist da jemand? Wir kommen von..."

„Herein!"

„Welch liebliche Stimme! Guten Tag schöne Frau, Sie sind bestimmt die Sekretärin, hab' ich recht?"

„Ja, so kann man es auch nennen! Ich koche Kaffee, stelle Getränke bereit, mache die Buchhaltung und den Einkauf und nebenbei bin ich auch noch die Frau des Chefs! Manchmal denke ich, er braucht mich nur als sein 'Mädchen für alles', wie jetzt wieder: Der Herr macht irgendwelche Hausbesuche, frisiert 'angeblich' älteren Damen, denen es unmöglich wäre hier zu erscheinen, die Haare, und an mir ... bleibt die ganze Arbeit hängen! Als ich ihn heiratete, habe ich mir alles ganz anders vorgestellt. Damals, ja, da hatte er noch Ehrgeiz. Aber anstatt eine Ladenkette aufzubauen, begnügte er sich mit diesem kleinen Salon. Das Geld reicht Vorne und Hinten nicht, ach, längst könnte ich, könnten wir, viel reicher sein. Ferne Länder zu bereisen, wird wohl ewig ein Traum von mir bleiben! Wäre ich doch nicht auf dieses 'Weichei' hereingefallen. Jetzt sitze ich hier und verkomme als Mauerblümchen. Nicht mal Kinder hat er mir geschenkt! Ich habe das Gefühl, bei allem zu kurz zu kommen. Wenn er sich doch auch mal mit mir so sorgsam befassen würde, wie mit seinen Auszubildenden. Können Sie sich vorstellen, was in mir vorgeht, wenn ich sehe, wie er diesen hübschen Dingern 'stylistische' Feinheiten erklärt? Sie kommen sich dabei ziemlich nahe ... oft berühren sich ihre Hände und wie sie sich ihm anbiedern, schrecklich! Da ist er ja! Wenn man vom Teufel spricht...“

„Endlich, der Meister selbst! Sie werden schon sehnsüchtig erwartet. Wir sind im Auftrag des 'Ausschusses zur Ermittlung des besten Friseur des Jahres' hier und haben schon allerhand über sie gehört! Sie scheinen ja ein richtiger Teufelskerl zu sein. Was ist das Geheimnis ihres Erfolges?“

„Lassen Sie es mich kurz machen, ich war gerade bei einem Termin und bin total verschwitzt. Wissen Sie, ich fahre nämlich grundsätzlich kürzere Wegstrecken mit dem Fahrrad, quasi mein Beitrag zur Umwelt! Früher, als es noch keine Autos gab, war man für fünfzig Kilometer einen ganzen Tag unterwegs, im Lauf der Zeit brauchte man für die gleiche Strecke nur noch eine halbe Stunde. Heute kann für die Bewältigung von 50 Kilometern wieder gut und gerne ein ganzer Tag vergehen. Uns kann es nie schnell genug sein: ob mit Verkehrsmitteln oder an Supermarktkassen und der neueste Schrei: Einkaufen im Internet! Danke, darauf kann ich verzichten! Alles geschieht nur im Interesse einiger Weniger, die von Macht- und Profitgier getrieben werden. Viele kleine Leute orientieren sich an den Großen und wollen ebenfalls ein Stück vom Kuchen haben. Überall hat man das Gefühl abgefertigt und abgezockt zu werden. Okay, ich gebe zu, anfangs auch auf dieser Schiene gelaufen zu sein. Ich wollte eine Salonkette aufziehen, doch dann ... erkannte ich, dass dies auf die Kosten meiner Kundschaft gegangen wäre. Verstehen Sie, ich mache meine Arbeit gerne und gewissenhaft und fühle mich erst dann wohl, wenn der Kunde zufrieden ist. Das erreicht man nicht durch Schnelligkeit, nein, ich nehme mir die Zeit, die jeder Einzelne benötigt! Ich habe eine kleine Stammkundschaft, der Laden läuft gut, was will ich mehr? Alleine hätte ich das allerdings nie geschafft: Zusammen mit meiner Frau und den Lehrmädchen bilden wir nicht nur ein gutes Team, wir sind wie eine richtige kleine Familie, in der jeder den anderen, so gut er kann, unterstützt und ... jetzt ... reicht's mir, genug gefaselt! Raus! Ich kann mich schließlich nicht den ganzen Tag...“

"Warum schreien Sie denn, wir haben doch gar nichts...“

„...unterbrechen Sie mich nicht! ... mit solch sinnlosem Kram befassen! Los, raus hier, ich kann Zeitungsleute nicht leiden, ihr Reporter seid doch alle gleich, wollt alles wissen, verbreitet Lügen, dreht einem das Wort im Mund herum...!“

Ich nannte ihn 'Assi'

„Wie konnten Sie Ihren", der Staatsanwalt blätterte in seinen Unterlagen, „Ihren..."

„Assi?" half ich ihm weiter.

„Schweigen Sie! Sie reden nur, wenn Sie dazu aufgefordert werden! Also ... warum haben Sie Ihren 'Assi' im Stich gelassen?"

„Das hab' ich nicht!" Wütend erhob ich mich. „Ich hab' getan was jeder in meiner Lage tun würde!" rief ich in den vollbesetzten Saal. Die Zuschauer zeigten unverhohlen ihren Unmut und den Polizisten gelang es kaum, die Menge im Zaum zu halten.

Der Richter hämmerte auf seinen Tisch. „Jetzt reicht es aber!" brüllte er. „Oder ich lasse den Saal räumen!"

„Angeklagter!" Der Staatsanwalt baute sich breitbeinig vor mir auf. „Ihr 'Assi' wurde verwahrlost und irreparabel aufgefunden. Geben Sie endlich zu, Sie wollten sich vor der Verantwortung drücken!"

„Nein! Er hätte es eh nicht mehr lange gemacht! Ich vertraute ihn Leuten an, die ihn human entsorgen wollten!" Empörtes Raunen.

Ich schluchzte. „Wo wir nicht überall waren: am Gardasee, Atlantik, in der Auvergne ... sowas verbindet!" Geräuschvoll schnäuzte ich in mein Taschentuch. „Und wenn er etwas Besonderes leistete, hab' ich ihn getätschelt und gesagt: 'Assi, das hast du gut gemacht'!" Kraftlos sank ich auf die Bank zurück.

Der Staatsanwalt ging auf und ab. „Haben Sie Beweise?" fragte er hämisch und drehte sich zum Publikum. „Irgendein Schriftstück?" fügte er diabolisch grinsend hinzu.

Ich schwitzte. Alles um mich herum schien sich zu drehen. Zitternd schüttelte ich den Kopf.

„Bitte? Ich habe Sie nicht verstanden!"

„Nein", sagte ich und senkte den Blick, „ich kann es nicht..."

Nahe des Eingangs wurden Stimmen laut. Ein Handgemenge veranlasste die Ordnungskräfte gegen die aufgebrachten Menschen vorzugehen. Jemand kämpfte sich durch die Reihen, stolperte, fiel hin, rappelte sich auf und rannte zum Richtertisch. Es war ein Mann. In ölverschmierter blauer Latzhose, mit einem Schraubenschlüssel in der hocherhobenen Rechten, stand er da. „Er ist unschuldig!" schrie er. „Lassen Sie ihn frei!"

Schlagartig herrschte Ruhe.

Ungläubig schaute ich auf:

Ja, ihm hatte ich einst meinen altersschwachen Opel Ascona überlassen.

*Leben ist **kein** Fluss*

Ein Fluss macht mit mir was er will,
wo der Fluss hinfließt,
fließe auch ich hin.
Nein...ich lasse mich nicht treiben.
Ich gehe, fließe meinen Weg,
in meinen Bahnen!

Leben ist ein Versuch:
Ich versuche mein Leben anzugehen.
Ich versuche meinen Weg zu gehen.

Ich treffe Entscheidungen,
kleine und große.
Setze Prioritäten.
Gehe Schritt für Schritt.
Atemzug um Atemzug.

Und ich atme.
Solange Leben in mir ist.
Automatisch, unbewußt.
Und solange Leben in mir ist,
ist Lebenswille da.

Wo Lebenswille ist,
ist auch ein Weg.
Und wo Lebenswille ist,
ist Kraft.
Kraft, das Leben zu leben.

Du sagst immer nur: Ja...ja...ja...
Doch...glaubst Du auch daran?
Ich glaube...Du verstehst mich.
Doch ich fühle,
dass du nicht daran zu glauben wagst.
Du kannst lernen daran zu glauben...

„Wie...?"

Indem Du Dein Leben
in die Hand nimmst,
heute noch, jetzt,
in Deine Hand!

Sage Dir:
Ich werde es schaffen,
Ich habe schon Vieles geschafft,
Ich werde auch das, das Heute schaffen!

Und wenn Du am Abend zurückblickst
und sagen kannst:

„Ja, ich habe den heutigen Tag
mit all seinen Schwierigkeiten
so gut ich konnte
gemeistert!"

Dann ... bist Du bereits
einen Schritt weiter.

Auf Deinem Weg

Preisverleihung

Stühle standen
Menschen saßen
blickten scharf nach vorn.

Redner redeten
Leute hörten
nichts mit ihren Ohrn.

Die Geige kratzte, quietschte, stöhnte
das Cello brummte, krachte, tönte
„Quälerei!" höhnte

einer sogar.
Ja, ja es ist wahr:
so die Verleihung war.

Helgoland

(ungekürzt)

Hoch im Norden, nah der Küste,
liegt , als wenn ich es nicht wüßte,
eine Schär', schier unbekannt,
die genannt wird
Helgoland

Die Sonn' goldgelb am Himmel steht,
das Wasser blau, kein Lüftchen geht.
Wellen rollen sanft zum Strand,
an den Rand von
Helgoland

Boote täuen am Landungssteg,
von wo aus führt hinfort ein Weg,
kreuz und quer, ein langes Band,
durch das Land von
Helgoland

Links der Mol' ein kleiner Fjord
und dahinter gleich ein Ort
unterhalb der steilen Wand,
der 'roten Kant' von
Helgoland

Oben auf des Felsens Platte,
ein Dorf, ein Turm, eine gestreifte Latte,
grüne Wiesen bis zum Rand:
das ist das Eiland
Helgoland

Möwen segeln hin und her,
überm Land und überm Meer,
landen leicht auf weißem Sand,
dem Badestrand von
Helgoland

Menschen sind heut' nicht zu sehn,
nur Vögel ihre Bahnen drehn.
Still ruht die See, rauh ist das Land,
benannt als
Insel Helgoland

(die gekürzte Version erschien im Jahre 2000 in der An-
thologie III der 'Nationalbibliothek des deutschsprachigen
Gedichtes' in München)

Ich will lernen

Am Anfang war die Idee,
das Schreiben erlernen
zu wollen.
Ich begann schreiben zu lernen.
Jetzt ist es mir ein Bedürfnis zu schreiben,
aber vor allem zu
lernen.

Inhaltsverzeichnis

Frühe Werke
(1977-1984)

Liedertexte
(1986-1990)

Neue Werke

(1996-2001)

Verzeichnis der Gedichte

Verzeichnis der Prosatexte